Samurai-Prinzipien
für den Manager des 21. Jahrhunderts

Don Schmincke

Samurai-Prinzipien für den Manager des 21. Jahrhunderts

Was wir von der alten japanischen
Führungselite lernen können

Aus dem Englischen
von Wolfgang Höhn

O. W. Barth

Für meinen Vater und andere
koreanische Kriegsgefangene,
die nach einem Ehrenkodex lebten,
dessen Bedeutung wir möglicherweise niemals
wirklich ermessen können

Titel der Originalausgabe: «The Code of the Executive. Forty-seven
Ancient Samurai Principles Essential for Twenty-first Century Leader-
ship Success». First pulished in 1997 by Tuttle Publishing, an imprint of
Periplus Editions (HK) Ltd. With editorial offices at 153 Milk Street,
Boston, MA 02109.

Inhalt

Einführung

III Rollen und Pflichten

Einführung

Vor achthundert Jahren brach in Japan eine Gruppe von Führungskräften zu einer kühnen Unternehmung auf. Sie begannen, eine Reihe von Prinzipien zu entwickeln, mit deren Hilfe sie ihre Führungsrolle in einer vom Konkurrenzgeist geprägten Gesellschaft festigen und ausbauen wollten. Auf dieser Grundlage schufen sie ei- nes der erfolgreichsten Managementsysteme in der Geschichte der Menschheit, mittels dessen sie sich siebenhundert Jahre (von 1192 bis 1867) an der Macht halten konnten. Manche Leute behaupten sogar, daß dieses System die Voraussetzungen für die heutige globale Vormachtstellung der japanischen Wirtschaft geschaffen hat. Dieses Buch beruht auf den Erkenntnissen und Erfahrungen jener mächtigen Führungselite.

Ihre Einsichten gewinnen heute mehr denn je an Bedeutung. Denn in der ganzen Welt stehen leitende Angestellte vor der Aufgabe, Mittel und Wege zu finden, um in einer weltweit konkurrierenden Wirtschaft zu bestehen, wo Märkte und Gewinne ständig bedroht sind. Auch sollte man bedenken, daß Führungskräfte der Wirtschaft die Menschen, die Gesellschaft und die Umwelt in viel stärkerem Maße beeinflussen als Juristen, Ärzte, Wirtschaftsprüfer, das Militär oder jeder andere Berufsstand, aber als einzige Berufsgruppe keinen Verhaltens- und Ehrenkodex besitzt. Während viele Manager Rat und Führung bei modernen Managementtheorien suchen, gäbe es für sie viel zu lernen aus einem alten Text, dessen Lehren dem westlichen Leser erst 1941 zugänglich gemacht wurden. Es zeigt sich nicht zum ersten Mal, daß ein klassischer Text aus dem Fernen Osten dem modernen Management wertvolle Einsichten vermitteln kann. *Die Kunst des Krieges,* verfaßt von dem genialen chinesischen Strategen *Sun-tzu,* hat erst vor kurzem in Managerkreisen Aufsehen erregt, obwohl das Werk seit über zweitausend Jahren in der ganzen Welt von Militärs und Politikern benutzt wurde. Da es sich um ein nützliches Instrument zur Entwicklung von Unternehmensstrategien handelt, sind schon zahlreiche Bücher und Artikel über diesen altchinesischen Traktat verfaßt worden.

Leider haben wissenschaftliche Untersuchungen gezeigt, daß viele Manager nicht in der Lage sind, diese Prinzipien erfolgreich in die Praxis umzusetzen, und deshalb hat man sogar den Nutzen strategischer Planung generell in Frage gestellt. Henry Mintzberg, ein Experte auf diesem Gebiet, schreibt dazu: «Eine Anzahl von voreingenommenen Forschern nahm sich vor zu beweisen, daß Planung sich bezahlt macht, aber letztlich ist ihnen das nicht gelungen» (Henry Mintzberg: *The Rise and Fall of Strategic Planning*, New York 1994).

Nachdem ich seit 1982 mit Hunderten von Führungskräften zusammengearbeitet habe, bin ich zu der Erkenntnis gelangt, daß die Schwierigkeiten im allgemeinen in der praktischen Durchführung von Strategien liegen. Es gibt viele Bücher über strategische Planung, aber nur wenige über die Entwicklung von Organisationsformen, in deren Rahmen Strategien praktisch verwirklicht werden können. Doch darum geht es in diesem Buch.

Die hier vorgestellten Prinzipien stammen aus einer Zivilisation, in der Wettbewerbsstrategien in weitaus größerem Umfang zur Anwendung kamen als in den meisten Unternehmen unserer Zeit. Wie wurden sie eingesetzt, und was haben sie bewirkt? Was können wir daraus lernen? Die Entwicklung dieser Prinzipien begann vor rund achthundert Jahren im mittelalterlichen Japan, als Behörden, Manager und Grundbesitzer in den japanischen Provinzen bewaffnete Einheiten zur Verteidigung ihrer Interessen aufstellten. Diese Schutzverbände gewannen an Macht und Einfluß, als sich militärische, politische und ökonomische Kräfte zu einem Feudalsystem verbanden, das um den Hauptmarkt jener Zeit, den Grundbesitz, kämpfte.

Damit begann die Epoche der *Samurai*, jener berühmten japanischen Kriegerklasse, die dem strengen Sittenkodex des *Bushidô* – dem *Weg des Kriegers* – folgte. In dieser Gesellschaft lag die Regierungsgewalt beim *Shôgun,* der Landbesitz bildete den Markt, die Unternehmensführung lag in den Händen der *Daimyô*

(Feudalherren), und das Management wurde von den *Samurai* gebildet. Die letzteren leiteten die Geschäfte der Daimyô mit einer Unternehmensstrategie, die auf Sun-tzus *Kunst des Krieges* basierte. Das vorliegende Buch stellt sich die Aufgabe, die Prinzipien des *Bushidô* für die moderne Geschäftswelt nutzbar zu machen.

Die Erfahrungen und Einsichten, welche die Kriegerklasse Japans während ihrer jahrhundertelangen Herrschaft gewonnen hatte, wurden von *Daidôji Yûzan* (1639–1730) in seinem Traktat *Budô shoshinshû* zu einer Art «Kodex des Samurai» zusammengefaßt. Dieser Text diente als offizielle Grundlage für die Ausbildung junger Samurai. Er gehört daher zu den wirklich authentischen Aufzeichnungen über das System des praktischen und moralischen Trainings für die japanische Kriegerklasse.

Das vorliegende Buch basiert auf der englischen Übersetzung dieses klassischen *Bushidô*-Textes, die der Japanologe A. L. Sadler 1941 veröffentlichte. Sadler war von 1922 bis 1948 Professor für Orientalistik an der Universität Sydney und nach seiner Emeritierung Professor für Japanisch an der Königlichen Militärakademie von Australien. Ich habe versucht, Sadlers Text für die Anforderungen der modernen Menschen- und Betriebsführung umzuschreiben und dabei der ursprünglichen Übersetzung so treu wie möglich zu bleiben.

Aus verschiedenen Gründen war das keine einfache Aufgabe: Erstens handelte es sich um eine Gratwanderung zwischen der Treue zum englischen Originaltext einerseits und seiner Nutzanwendung für das moderne Management andererseits. Im Zweifelsfall entschied ich mich für Texttreue, in der Hoffnung, die Leser würden dafür Verständnis haben und von der Anwendung dieser Prinzipien in ihrem eigenen Leben profitieren.

Zweitens habe ich mich für die männliche Orientierung des Geschriebenen zu entschuldigen. Da das Training der Samurai ausschließlich für Männer bestimmt war, sind seine Regeln in einem Stil verfaßt worden, der seiner Zielgruppe entspricht und sich kaum verändern läßt. Unsere Erfahrungen haben jedoch gezeigt, daß sie sich uneingeschränkt auf Führungskräfte beiderlei Geschlechts anwenden lassen. Das entspricht auch meiner Absicht, denn ich habe in meinem Leben wirklich viel von Managerinnen gelernt.

Drittens sind die Strukturen und Formen der japanischen Sprache völlig verschieden vom Englischen. In der Überzeugung, daß eine klare logische Struktur sowie moderne Kategorien und Ausdrucksformen den Wert dieses Textes steigern würden, nahm ich mir die Freiheit, entsprechende Veränderungen vorzunehmen.

Obwohl der größte Teil dieser Prinzipien sich bemerkenswert gut auf die Probleme der heutigen Führungselite anwenden läßt, war es schließlich doch nötig, einige Stellen umzuformulieren. Denn bei manchen altjapanischen Begriffen und Vorstellungen gab es für mich einfach keine passende Möglichkeit, sie mit der Sprache und dem Denken unserer Zeit in Übereinstimmung zu bringen. So habe ich zum Beispiel den Abschnitt «Über die Ausrüstung von Dienern» gestrichen, da der Beruf des Dieners in der modernen westlichen Gesellschaft praktisch ausgestorben ist (obwohl dem vielleicht so mancher Angestellte widersprechen möchte). Statt dessen habe ich diesen Abschnitt durch das Prinzip «Sich bewähren von Anfang an» ersetzt, das ich einem anderen Kapitel entnommen habe. Auch die Ausführungen über den Umgang mit Pferden, Karawanen, Rüstungen und dergleichen wurden so modifiziert, daß sie sich auf moderne Verhältnisse übertragen lassen.

Wir Manager sind die Samurai des einundzwanzigsten Jahrhunderts. Die Parallelen dieses alten Traktats und seines historischen Kontexts mit den Problemen unserer Zeit sind erstaunlich. Geradezu erschreckend ist die Tatsache, wie sehr wir den inneren Weg zur Erleuchtung aus den Augen verloren haben, ein Ziel, das so viele Menschen zu großen Taten angespornt hat. Unsere derzeitigen Wirtschaftsschulen, Unternehmensberater und Managementbücher gehen der Auseinandersetzung mit dem innersten menschlichen Wesen aus dem Weg, ohne die es jedoch keine wahre Führerschaft geben kann. Die persönliche Reise, die in früheren Zeiten so viele Führungspersönlichkeiten und Krieger zu Heldentaten beflügelt hat, scheint in Vergessenheit geraten zu sein. Wenn sie heute noch jemals angestrebt werden sollte, gehen ihre Poesie und Wahrheit leider verloren, nachdem sie durch Modelle, Analysen und akademischen Jargon gefiltert wurden. Die Samurai des alten Japan kannten die «modernen Errungenschaften» unseres Zeitalters nicht. Sie mußten sich auf die Kraft ihrer eigenen Menschlichkeit verlassen, etwas, das man uns im modernen Geschäftsleben nie gelehrt hat.

Dieses Buch kann daher Ihre persönliche Lebensauffassung tief berühren. Bei der Lektüre sollten Sie über Ihr Leben nachdenken, und wenn Sie dabei eine leichte Anspannung in Ihrem Magen oder eine leichte Beklemmung in Ihrem Herzen verspüren sollten oder Ihnen sogar Tränen in die Augen treten, dann hat dieses Buch seinen Zweck erfüllt. Um ein erfolgreicher Manager zu werden, müssen Sie sich wieder auf Ihre persönliche Reise begeben und den Blick nach innen wenden. Zur Erleuchtung zu gelangen ist nicht einfach. Es bedarf harter Arbeit und manchmal auch großer Schmerzen, um das zum Siegen erforderliche Bewußtsein zu erlangen. Über siebenhundert Jahre lang haben die Führungskräfte des alten Japan diese Lehren praktiziert, um genau dieses Ziel zu erreichen.

I

Das Fundament – sich seiner Sterblichkeit bewußt sein . . .

Wer in leitender Position steht, sollte sich immer wieder die Tatsache vor Augen halten, daß er eines Tages sterben wird. Wenn er sich dessen stets bewußt ist, wird er im Einklang mit den Prinzipien der Integrität, des Mutes und der Ehre leben. Er wird unzähligen Übeln und Widrigkeiten aus dem Weg gehen können, Unglück und Krankheit von sich fernhalten und darüber hinaus ein langes, gesundes Leben genießen. Und was am wichtigsten ist: Er wird eine edle Persönlichkeit mit vielen bewundernswerten Eigenschaften entwickeln.

1 ... an jedem Tag, in jeder Stunde

Unser Dasein ist so unbeständig wie der Abendtau und der Morgenfrost, und diese Ungewißheit gilt in besonderem Maße für das Leben des Managers. Wenn er meint, er könne sich mit der Vorstellung trösten, daß sein Posten sicher sei und die Liebe zu seiner Familie unerschütterlich, kann durchaus etwas geschehen, das ihn seinen Verpflichtungen gegenüber Firma und Familie untreu werden läßt. Wenn er jedoch entschlossen ist, einfach im Hier und Heute zu leben, ohne sich mit müßigen Gedanken an morgen zu belasten, dann werden seine Treue und sein Respekt in jeder Hinsicht vollkommen aufrichtig sein. Denn wenn er mit dieser Einstellung vor seinen Mitarbeitern steht, wird er sich so verhalten, als wäre dies sein letzter Auftritt, und wenn er die Gesichter seiner Lieben betrachtet, tut er das mit dem Gefühl, als würde er sie nie wieder erblicken. Auf diese Weise befindet sich sein Geist im Einklang mit den Prinzipien der Integrität, des Mutes und der Ehre.

Vielleicht halten einige der Leser dieses Buches Tod und Vergänglichkeit für ein unpassendes Thema in der heutigen Zeit, aber wenn wir genauer darüber nachdenken, kommen wir sicher zu einem anderen Schluß. Zum einen hat die medizinische Forschung eindeutig nachgewiesen, daß eine unausgeglichene Lebensweise, Interessenkonflikte, zeitliche Zwänge, Entscheidungen unter Streß, Karrieresorgen, falsche Ernährung, Mangel an Bewegung sowie Tabak, Alkohol und andere Genußmittel, die Süchte auslösen, das vorzeitige Ende des beruflichen Lebens vieler Manager verursachen. Zum andern kann die Firma selbst jederzeit im Wettbewerb unterliegen. Und schließlich gibt es noch eine psychische Form des Sterbens: den Tod des Stolzes, des Hochmuts und der Selbstüberhebung – und dieser ist für die meisten genauso beängstigend wie der körperliche Verfall. Das zeigt sich ganz klar im destruktiven und opportunistischen Verhalten von Managern, die gute geschäftliche Entwicklungsmöglichkeiten opfern, um sich selbst zu schützen. Vor der eigenen Niederlage fürchten sich fast alle, und ihre Vermeidung ist die Hauptursache für den Untergang von Unternehmen. Deshalb sollte sich ein Kämpfer im Management seiner Vergänglichkeit stets bewußt sein. Um sein Unternehmen erfolgreich zu führen, läßt er seinen Stolz und seinen Eigendünkel sterben. Um innerlich zu wachsen, läßt er seinen Hochmut sterben. Und um richtig zu leben, läßt er sogar seinen Körper sterben.

2 … beim Sprechen

Wenn ein Manager sich der Vergänglichkeit des Daseins nicht bewußt ist, wird er nicht genügend auf seine Rede achten und dazu neigen, sich in indiskreter und beleidigender Weise zu äußern. Sofern es dabei zum Streit kommt, kann dieser gütlich beigelegt werden, wenn der andere sich nicht gekränkt fühlt. Wenn es aber nicht zu einer beiderseits befriedigenden Einigung kommt, wird der Beleidigte anderen Menschen möglicherweise davon berichten. Trifft derjenige, der die Kränkung ausgesprochen hat, dann unvorbereitet mit anderen Führungskräften zusammen, wird er vielleicht plötzlich mit einem starken Angriff konfrontiert, der seine Karriere oder seine kostbaren Pläne ruinieren könnte, bevor er sich noch über seine Lage klargeworden ist. Sogar der Name seines Vorstands kann dadurch in Verruf geraten, und seine Familie und seine Freunde können zahlreichen Vorwürfen ausgesetzt sein.

Der Grund für ein derartiges Mißgeschick liegt darin, daß dieser Mann vergessen hat, sich seine Sterblichkeit stets vor Augen zu halten. Denn wer sich hierin beständig übt, während er mit anderen spricht, wird – wie es sich für einen Manager gehört – jede Äußerung sorgfältig prüfen und niemals sinnlose Streitigkeiten anzetteln. Ferner wird er keinem Menschen die Möglichkeit geben, ihn an unpassende Orte zu locken, an denen er sich plötzlich einer unangenehmen Situation ausgesetzt sehen könnte. Auf diese Weise wird er Fehltritte vermeiden und später nichts zu bereuen haben.

3 ... beim Streben nach Gesundheit

Führungskräfte, die ihre Sterblichkeit aus den Augen verlieren, neigen dazu, Nahrung und Alkohol im Übermaß zu konsumieren und körperliche Bewegung zu vernachlässigen. Das kann dazu führen, daß sie unerwartet früh an Krankheiten der Leber, des Herzens und des Immunsystems sterben. Wenn sie die Krankheit heil überstehen, verlieren sie möglicherweise trotzdem ihre Lebens- und Arbeitskraft. Wer sich dagegen der Vergänglichkeit ständig bewußt ist, kann sich auf seine Kraft und seine gute Gesundheit verlassen. Da diese Menschen für ihre Gesundheit sorgen, maßvoll im Essen und Trinken sind und körperliches Training nicht vernachlässigen, bleiben sie von Beschwerden verschont und können ein langes und gesundes Leben genießen.

4 ... im sozialen Verhalten

Unsere Gesellschaft ruft die mannigfaltigsten Wünsche und Bedürfnisse hervor; Eifersucht und Gier können einen Menschen so sehr beherrschen, daß er begehrt, was anderen gehört – ihre Stellung, ihre Macht oder ihren Besitz. Da er sich andererseits nicht von seinem eigenen Besitz trennen kann, bemüht er sich, seine Güter zu verteidigen, und verhält sich möglicherweise wie ein reiner Opportunist. Wenn er sich aber sein Ende vor Augen hält, wird er weniger an materielle Dinge gefesselt sein und keine begehrlichen und selbstsüchtigen Eigenschaften an den Tag legen. Wie bereits angedeutet, wird er sich als edle Persönlichkeit erweisen.

5 ... im maßvollen Handeln

In Japan erzählt man sich häufig von einem Mönch namens Shinkai, der den ganzen Tag mit der Kontemplation seines unausweichlichen Endes verbrachte. Dies ist zwar eine angemessene Geisteshaltung für einen Asketen, aber sicher nicht für einen leitenden Angestellten. Denn sonst würde er seine Pflichten als Manager und den Weg der Integrität, des Mutes und der Ehre vernachlässigen. Im Gegensatz zu jenem Mönch muß ein

Manager rastlos tätig sein, sowohl in seinem geschäftlichen als auch in seinem privaten Leben. Aber sobald er etwas Muße und Stille für sich findet, sollte er es nicht versäumen, sich erneut der Frage der Sterblichkeit zuzuwenden und gründlich darüber nachzudenken. Kennen wir nicht zur Genüge Beispiele von Menschen, die aus Arroganz und Überheblichkeit zu Fall kommen?

II

Persönliche Prinzipien

6 Rechtschaffenheit

Wer in leitender Position steht, sollte über ein sicheres Gespür für Recht und Unrecht verfügen. Wer versteht, das eine zu tun und das andere zu lassen, von dem kann man zu Recht behaupten, daß er den *Weg des Managers* betreten hat. Recht und unrecht sind im Grunde nichts anderes als gut und böse. Obwohl niemand abstreiten wird, daß zwischen diesen beiden Prinzipien ein deutlicher Unterschied besteht, gilt es als außerordentlich schwierig, stets recht zu handeln und Gutes zu tun, während unrechtes Handeln und böse Taten keine Mühe kosten und sogar Vergnügen bereiten. Deshalb neigen die meisten Menschen dazu, dem unrechten Handeln den Vorzug zu geben und gute Taten geringzuschätzen. Aber es widerspricht der Vernunft, sich derart charakterschwach zu verhalten. Wer den Unterschied zwischen recht und unrecht zwar begriffen hat, seine moralische Verpflichtung aber dennoch mißachtet, erweist sich als schwacher Manager und sollte aus den Führungsrängen entfernt werden, um die Firma zu schützen.

Die Ursache für unrechtes Handeln liegt in der mangelnden Fähigkeit zur Selbstkontrolle. Diese mag zwar verzeihlich erscheinen, doch wenn wir der Sache auf den Grund gehen, entdecken wir, daß sie eng mit Feigheit zusammenhängt. Deshalb möchte ich nachdrücklich betonen, wie wichtig es für Manager ist, unrechtes Tun zu meiden und sich an das Gute zu halten. Von großer Bedeutung ist dabei, daß sie sich bemühen, dieses Prinzip auch ihrem ganzen Unternehmen aufzuprägen.

Was rechtes Handeln angeht, so kann man drei

Grade unterscheiden. Nehmen wir das Beispiel eines Mannes, der auf eine Geschäftsreise geht und das Zimmer mit einem Kollegen teilt, der ein paar tausend Dollar bei sich hat. Um sich nicht dem Risiko auszusetzen, das Geld mit sich herumzutragen, deponiert er es im Safe ihres gemeinsamen Hotelzimmers, ohne irgend jemandem außer seinem Kollegen davon zu erzählen. Doch dann stirbt er während ihres Aufenthalts plötzlich an einem Herzanfall. Obwohl niemand von dem Geld weiß, benachrichtigt sein Kollege aus reinem Mitgefühl und ohne jegliche Hintergedanken sofort die Verwandten des Verstorbenen und gibt ihnen das ganze Geld zurück. So verhält sich ein Mensch, der recht zu handeln weiß.

Im zweiten Fall stellen wir uns vor, der Kollege mit dem Geld hätte nur wenige Bekannte und stände keinem Menschen nahe. Die Wahrscheinlichkeit, daß jemand von dem Geld weiß und Nachforschungen anstellen würde, ist noch geringer als im ersten Fall. Falls der Kollege, der sich mit ihm das Zimmer geteilt hat, in finanziellen Nöten steckt, könnte er die Situation als unverhofften Glücksfall betrachten und nichts dabei finden, die Sache zu verschweigen und das Geld für sich zu behalten. Doch dann wird er plötzlich von Scham überwältigt, weil er einen so schmutzigen Gedanken gehegt hat, und gibt das Geld auf der Stelle zurück. Er handelt aufgrund der Scham, die dem eigenen Herzen entspringt, nach den richtigen Prinzipien.

Schließlich könnte der Fall eintreten, daß ein Angehöriger des Verstorbenen oder einer von seinen Mitarbeitern von dem Geld weiß. Sein Kollege schämt sich möglicherweise bei dem Gedanken daran, was jene Person denken könnte, und gibt das Geld zurück. Er verhält sich aufgrund des Schamgefühls, das vom Urteil der anderen abhängt, in der rechten Art und Weise.

Gemäß den Samurai-Prinzipien besteht die Grundlage für rechtes Handeln darin, daß wir Scham über das negative Urteil unserer Familie und Freunde empfinden. Ebenso sollte uns die Verachtung von seiten unserer Bekannten und uns fremder Personen beschämen. Auf diese Weise werden wir uns unwillkürlich darum bemühen, nach moralischen Prinzipien zu leben. Daraus wird bei ständigem Üben allmählich eine natürliche Gewohnheit, und im Laufe der Zeit werden wir die Neigung entwickeln, das Rechte dem Unrechten vorzuziehen.

Nun stellen Sie sich eine Schlacht im Altertum oder im Mittelalter vor: Einem Kämpfer, der von Natur aus mutig ist, wird es nichts ausmachen, in den Kampf zu ziehen und sich einem Hagel von Pfeilen und Kugeln auszusetzen. Im Geist der Hingabe und Pflichterfüllung wird er seinen Körper zur Zielscheibe machen und vorwärtsdrängen und auf die Weise durch sein heldenhaftes Verhalten allen Betrachtern ein unbeschreiblich edles Beispiel geben. Im Gegensatz dazu mag es auch einen Menschen geben, dem die Knie zittern und das Herz bis zum Halse schlägt, während er sich ängstlich fragt, wie er es zuwege bringen könnte, angesichts all dieser Gefahren den Kampf mit Anstand zu bestehen. So schreitet er tapfer voran, weil er sich bei dem Gedanken schämt, als einziger vor den Augen seiner Waffengefährten zu versagen, während sie voller Mut und Kampfgeist vorrücken, und weil er befürchtet, seinen guten Ruf zu verlieren, sollte er sich als feige erweisen. So stärkt er seine Entschlossenheit und zieht zusammen mit denen in die Schlacht, die von Natur aus mutig sind. Obwohl er ihnen zunächst weit unterlegen sein mag, wird er sich auf diese Weise nach mehreren durchstandenen Kämpfen an die Gefahren des Schlachtfelds gewöhnen. Schließlich ist sein Mut so gefestigt, daß er sich zu einem Kämpfer entwickelt, der seinen von Natur aus mutigen Gefährten in keiner Beziehung nachsteht.

Wenn es darum geht, recht zu handeln oder Mut zu beweisen, gibt es deshalb keinen anderen Weg, um diese Eigenschaften zu entfalten, als an das Schamgefühl zu appellieren. Denn wenn die Leute unrechtes Handeln verzeihen, weil sie es für nicht so wichtig halten, und über den Feigling nur spotten, weil sie dem Mut ebenfalls keine große Bedeutung beimessen, welches Mittel hat man dann in der Hand, um von Natur aus labile Menschen an Disziplin zu gewöhnen? Staaten, in denen man bei der Bestrafung von Verbrechern nicht an das Schamgefühl appelliert, müssen aus dem Grund viel Geld für Gefängnisse ausgeben. In solchen Gesellschaften wird man weder rechtes noch tapferes Handeln lernen. Dagegen geschehen nur wenige Verbrechen in Ländern, die Unrecht so bestrafen, daß die Betroffenen dabei Scham und Erniedrigung empfinden, weil sie von ihrer Familie, von ihren Freunden oder Bekannten und sogar von Außenstehenden verachtet werden. Da hier die Entwicklung guter Gewohnheiten gefördert wird, kann man sagen, daß dies der bessere Weg ist.

7 Kampfgeist

Für einen Krieger in den Reihen des Managements ist es von größter Wichtigkeit, zu keiner Zeit und unter keinen Umständen in seinem Kampfgeist nachzulassen. Denn selbst der kleinste Betrieb schätzt die strategische Fähigkeit, neue Kunden zu gewinnen und im Wettbewerb die Führung zu übernehmen; darin zeigt sich der kriegerische Geist im Reich des Kapitalismus. Die Angestellten kleinerer Firmen betrachten sich nur leider häufig nicht als Führungskräfte und glauben dementsprechend, sich nicht an den Ehrenkodex der Manager halten zu müssen.

Ein Manager sollte niemals vergessen, das «Schwert des strategischen Denkens» bei sich zu tragen, selbst wenn er nur ins Schwimmbad geht oder sich anderen privaten Vergnügen widmet. Und wenn das schon für das Privatleben gilt, wieviel notwendiger ist es dann, wenn er sich auf den Markt begibt! Unterwegs begegnen ihm vielleicht ein junger Unternehmer oder ein machttrunkener Manager einer etablierten Firma, die plötzlich einen Streit mit ihm vom Zaun brechen. Eine alte Samurai-Weisheit besagt: «Sobald du aus deinem Tor gehst, sollst du dich so verhalten, als wäre der Feind in Sicht.» Deshalb sollte ein Manager stets das Schwert des strategischen Denkens an seiner Seite tragen und den Wettbewerbsgeist nie aus den Augen verlieren. Denn er und sein Unternehmen können jederzeit scheitern, wie man es in so vielen Fällen erlebt hat. Ein Manager, der sich seinen kämpferischen Geist nicht bewahrt, ist nichts weiter als ein Opportunist im Kriegergewand, auch wenn er sich für einen guten Strategen halten mag.

8 Lernbereitschaft

Um seinen Charakter zu bilden, sollte ein Manager ständig Geschäftsberichte studieren. Denn diese Schriften, die überall in der Wirtschaftspresse und in den Veröffentlichungen der Firmen zu lesen sind, berichten uns ausführlich von den «Schlachten», die auf dem Feld des Marktes gefochten wurden, und erwähnen sowohl die Namen derer, die heldenhafte Taten vollbrachten, als auch die Namen derjenigen, die zu Fall kamen. Unter den Unterlegenen, deren Namen nicht genannt werden, befinden sich stets auch ältere Führungskräfte, die sich eigentlich im Kampf hätten hervortun müssen, sich jedoch, was Mut anbelangt, nicht von ihren Mitstreitern hervorhoben. Sogar unter den Nachwuchsmanagern werden nur diejenigen, die sich durch ungewöhnlichen Mut auszeichneten, für würdig erachtet, ihre Namen der Nachwelt zu überliefern.

Dabei sollte man sich jedoch darüber im klaren sein, daß sowohl die Unterlegenen, deren Namen nicht genannt werden, als auch die Sieger, deren Heldentaten ihnen Jahrhunderte währenden Ruhm beschert, den gleichen Schmerz erleiden, wenn ihnen der Feind das «Leben nimmt». Wenn die Niederlage schon unausweichlich ist, sollte ein Manager im Untergang noch eine wahre Heldentat vollbringen, die sowohl Feind als auch Freund in Erstaunen versetzt. So wird sein Vorstand seinen Untergang bedauern, und er wird den nachfolgenden Generationen einen großen Namen hinterlassen.

Ganz anders ist dagegen das Geschick des Feiglings, der als letzter angreift und sich als erster zurückzieht und der sich beim Angriff auf die feindliche Stellung hinter seinen Kameraden versteckt. Vom Feind getroffen, fällt er zu Boden und geht elend zugrunde. Manchmal werden solche Versager sogar von ihren eigenen Leuten zu Tode getrampelt. Da dieses Schicksal die größte Schande für einen Manager darstellt, sollte er Tag und Nacht ernsthaft darüber nachdenken.

9 Kommunikationsfähigkeit

Unter den Kollegen eines Managers mag es wohl den einen oder anderen geben, mit dem er aus bestimmten Gründen nicht zusammenarbeiten möchte. Aber wenn ihm befohlen wird, mit einem solchen Mitarbeiter ein Team zu bilden, sollte er sich unverzüglich mit folgenden Worten an ihn wenden: «Ich habe die Anweisung erhalten, mit Ihnen zusammenzuarbeiten. Auch wenn wir bisher keinen Umgang miteinander pflegten, vertraue ich darauf, daß Sie mit mir loyal kooperieren werden, damit wir unsere Pflichten erfolgreich und reibungslos ausführen können.» Sollte der andere der Dienstältere sein, kann er ihn bitten, ihn von seiner freundlichen Unterweisung profitieren zu lassen. Wenn einer von ihnen am folgenden Tag an eine andere Stelle versetzt werden sollte, können sich die beiden wieder so verhalten wie zuvor. Doch in der Zwischenzeit entspricht ihre Bereitschaft, bei ihren offiziellen Pflichten loyal zusammenzuarbeiten, den Erwartungen, die man nach den Richtlinien der Samurai in einen fähigen Manager setzt.

Um so mehr gilt das von Mitarbeitern, bei denen solche Hindernisse nicht bestehen: Während eines gemeinsamen Projekts sollte man sich stets um gute Kooperation und freundlichen Umgang bemühen. Ein Hindernis für eine erfolgreiche Zusammenarbeit sind jedoch jene machthungrigen Personen, die nicht mit anderen kooperieren wollen. Da sie von Natur aus mißgünstig sind, weigern sie sich häufig, Mitarbeitern, die im Dienst neu und mit seinen Einzelheiten noch nicht vertraut sind, Unterstützung zu gewähren. Statt ihnen zu helfen, effizient zu arbeiten, freuen sie sich sogar über ihre Fehler. Leute mit einer derart destruktiven und gemeinen Einstellung sollten rückhaltlos kritisiert werden. Sie stellen genau den Typ Manager dar, der zu schmutzigen Tricks greift und sich manchmal sogar gegen das eigene Unternehmen wendet, wenn er sich in einer schwierigen Lage befindet. Ein Verhalten dieser Art ist strikt zu vermeiden.

10 Selbstachtung

Um Aussagen über die Höhe des Einkommens eines Managers zu machen, benutzte man früher gern Bilder: So hieß es in Managerkreisen, daß sich ein Mann ein zweites Pferd leisten konnte, wenn man ausdrücken wollte, daß er über ein beträchtliches Einkommen verfügte. Oder daß ein Mann sich gerade einen halbverhungerten Gaul halten konnte, wenn ihm nur ein niedriges Gehalt zur Verfügung stand. Ebenso hieß es von einem Einkommen, das unter der gängigen Norm lag, daß es seinem Empfänger gerade erlaubte, eine rostige Lanze zu besitzen. Denn den Managern alten Schlags war es fremd, Zahlen zu nennen, wenn vom Einkommen die Rede war. Sie benutzten derart bildhafte Ausdrücke, weil sie wußten, daß der Wert eines Mannes nicht von der Höhe seines Einkommens abhing. Niemand schämte sich, weil er nicht so viel verdiente wie ein anderer. «Ein Falke stirbt lieber, als Weizenkörner zu picken» und «Auch wenn ein Samurai nichts zu essen hat, benutzt er seine Zahnstocher» sind Sprichwörter, die diese Einstellung veranschaulichen.

Damals sprachen junge Leute niemals über persönlichen Gewinn oder Verlust oder den Preis von Waren, und sie pflegten zu erröten, wenn sie jemanden Liebesgeschichten erzählen hörten. Die Manager unserer Zeit verwechseln nur zu oft den Wert eines Menschen mit der Größe seines Hauses, der Marke seines Wagens, der Eleganz seiner Kleidung, der Dicke seiner Brieftasche oder gar mit dem Besitz eines Bootes oder eines Flugzeugs. Auch ihr eigenes Selbstwertgefühl machen sie abhängig von solchen Äußerlichkeiten. Dies zeugt von tragischer Verwirrung, denn es lenkt von den wahren Werten und Pflichten des Managers ab. Auch wenn die Manager heutzutage die Ideale ihrer Vorgänger nicht erreichen mögen, sollten sie diese als Vorbild nehmen und nachahmen. Um es mit den Worten der Samurai auszudrücken: «Auch wenn die Nase eines Mannes krumm ist, ist alles in Ordnung, solange er dadurch atmen kann.» Hier zeigt sich die richtige Einstellung zu dieser Frage.

11 Integrität

Wer in leitender Position steht, sollte sein Verhalten an einem starken Sinn für Integrität ausrichten, vor allem in Angelegenheiten, die seine familiären Pflichten und seine soziale Verantwortung betreffen. Man mag von Natur aus noch so tüchtig, redegewandt und kompetent sein – wenn es einem an Integrität mangelt, ist man gänzlich nutzlos für das Unternehmen. Denn der *Weg des Managers* verlangt, daß sein Verhalten in jeder Hinsicht korrekt ist und seine Taten jederzeit mit seinen Worten übereinstimmen. Sollte es ihm an Urteilskraft mangeln, kann er zwischen recht und unrecht nicht unterscheiden. Wenn es darum geht, recht zu handeln, darf er seine Entscheidungen nicht willkürlich treffen. So sollte er sich zum Beispiel im Geschäftsleben nicht anders verhalten als in der Familie oder in der Öffentlichkeit. Man kann nicht bei Nacht ein Dieb und bei Tag ein Ehrenmann sein. Ebenso kann sich ein notorischer Lügner nicht bei Vorstandssitzungen als ein Muster an Verläßlichkeit erweisen. Alle Handlungen müssen in allen Situationen völlig korrekt sein, denn sonst entstehen Zweifel an der Integrität des Managers. Einen Menschen, der nicht zwischen recht und unrecht unterscheiden kann, kann man doch nicht ernsthaft als Manager bezeichnen!

So ist sich zum Beispiel ein Manager, der zu dieser Einsicht gelangt ist und ihre ganze Tragweite begreift, der Tatsache bewußt, daß seine Eltern die Urheber seiner Existenz sind und er ein Teil ihres Fleisches und Blutes ist. Bei der Erfüllung der Kindespflicht kommen durchaus unterschiedliche Herausforderungen auf

Menschen zu. Da sind zuerst diejenigen, die von rechtschaffenen Eltern mit liebevoller Freundlichkeit aufgezogen werden. Ihre Eltern überlassen ihnen ihren ganzen Landbesitz, ihr Geldvermögen, ihre bewegliche Habe und ihre sonstigen Wertsachen, und sie akzeptieren auch ihren Ehepartner. Wenn derart vorbildliche Eltern in den Ruhestand treten, ist es weder besonders lobenswert noch außergewöhnlich, daß sich ihre Kinder mit größter Fürsorge um sie kümmern. Schließlich sind wir selbst einem Außenstehenden freundlich gesonnen, wenn er sich als ein guter Freund erweist und sich bemüht, uns zu helfen. Wir werden alles, wozu wir in der Lage sind, für ihn tun, auch wenn es unseren eigenen Interessen einmal zuwiderlaufen sollte. Um wieviel enger ist dann das Band der Zuneigung zwischen Eltern und Kind! So sehr sich Eltern auch um ihre Kinder bemühen, sie haben letztlich doch immer das Gefühl, daß ihre Fürsorge niemals wirklich ausreichend ist. Wenn sich Menschen also liebevoll um solche Eltern kümmern, leisten sie nichts Außergewöhnliches, sondern erfüllen allein ihre Kindespflicht.

Aber was geschieht, wenn die Eltern nicht freundlich, sondern mürrisch sind, ständig nörgeln und obendrein noch betonen, daß sie alles, was ihnen zusteht, auch verdient haben? Wie sollen sich Kinder verhalten, deren Eltern ihnen nichts gönnen, aber ständig Aufmerksamkeit und Zuwendung von ihnen verlangen? Sollen Kinder darüber hinwegsehen, daß ihre Eltern sich jedesmal, wenn sie jemanden treffen, über ihre pflichtvergessenen Kinder und den Verdruß, den das Alter mit sich bringt, beklagen und so den Kindern einen schlechten Ruf verschaffen? Ja, selbst solche streitsüchtigen Eltern muß man respektieren; man sollte sich darum bemühen, ihre schlechte Laune zu besänftigen und ihre Altersbeschwerden zu lindern, ohne sich ein Zeichen von Verdruß anmerken zu lassen. Für solche Eltern sein Bestes zu geben, ist die Erfüllung wahrer Kindespflicht.

Ein Manager, der mit dieser Geisteshaltung in den Dienst eines Unternehmens tritt, wird den Weg der Integrität von Grund auf verstehen und diese Haltung nicht nur unter Beweis stellen, wenn das Management erfolgreich arbeitet, sondern auch dann, wenn es auf Schwierigkeiten trifft. Solch ein Mitarbeiter wird nicht aufgeben, auch wenn aus einem Hindernis zehn Hindernisse und aus zehn Problemen hundert Probleme entstehen, sondern er wird die Unternehmensführung bis zuletzt unterstützen und dabei seine Loyalität ohne Rücksicht auf persönliche Interessen unter Beweis stellen. Obwohl die Begriffe «Eltern» und «Unternehmen», «Kindespflicht» und «Integrität» – oberflächlich betrachtet – unterschiedliche Bedeutungen haben, stimmen sie in ihrem tieferen Sinn doch überein. Ein Spruch aus dem alten Japan lautet: «Suche treue Gefolgsleute unter denen, die der Kindespflicht genügen.»

Es ist unvernünftig zu erwarten, daß ein Mann, der seinen Eltern nicht treu ergeben ist, einem Unternehmen oder einem Team die Treue halten kann, oder daß man einem Mann, der andere Menschen herabwürdigt, gleichzeitig zutrauen kann, seine Gefährten zu unterstützen. Denn wenn jemand nicht in der Lage ist, seine Kindespflicht gegenüber seinen Eltern zu erfüllen – denen er schließlich sein Dasein verdankt –, ist es mehr als unwahrscheinlich, daß er einer Gemeinschaft von Menschen, mit denen er nicht verwandt ist, mit Engagement dient, sei es aus reiner Dankbarkeit oder sei es, um sich sein Einkommen zu sichern. Wer seine Versprechen im Privatleben nicht halten kann, wird sich auch innerhalb seiner Abteilung kaum als integer erweisen. Wenn nun solch ein junger Mensch, der seine Verantwortung gegenüber den Eltern einfach ignoriert, eine Position in einem Unternehmen annimmt, wird er möglicherweise über jede Unzulänglichkeit seines Managers ein kritisches Urteil fällen. Da er an allem etwas auszusetzen hat, könnte er seine Loyalität aufgeben und sich in einem gefährlichen Moment davonstehlen oder sein Team verraten, indem er sich auf die Seite des Feindes schlägt. Es gibt in allen Epochen der Geschichte Beispiele für ein derart erbärmliches Verhalten, vor dem man sich mit größter Abscheu hüten sollte.

Die Tatsache, daß wir heute einen ungezwungenen Lebensstil pflegen und die Kinder schon früh das Elternhaus verlassen, bringt es mit sich, daß der Respekt und die Verpflichtung gegenüber den Eltern keine selbstverständlichen Werte mehr sind. Traditionelle asiatische Sitten lassen sich vielleicht nicht direkt auf den Rest der Welt übertragen, aber der wesentliche Punkt ist immer noch aktuell: Wie man andere behandelt – seien es nun Angehörige oder Fremde –, ist ein Indiz dafür, wie man sich innerhalb eines Unternehmens verhalten wird. Dies sollte nicht auf die leichte Schulter genommen werden, wenn man bedenkt, daß zwar die meisten Mitarbeiter in einem Betrieb wegen ihrer beruflichen Fähigkeiten und Erfahrungen eingestellt werden, die meisten Entlassungen jedoch aufgrund von schlechtem

Benehmen erfolgen. Deshalb sollte das Verhalten des zukünftigen Mitarbeiters schon bei der Einstellung einer genauen Prüfung unterzogen werden.

12 Mut

Für alle, die den Weg des Managers gehen, sind Integrität, Mut und Rechtschaffenheit die wichtigsten Tugenden. Zwar kennen wir viele Manager, die über eine der genannten Eigenschaften verfügen, aber eine Führungskraft, die mit allen drei Tugenden ausgestattet ist, läßt sich unter den zahllosen Managern nur selten finden, und ihr gebührt wahrhaftig eine Vorrangstellung. Während sich integre und rechtschaffene Führungskräfte leicht an ihrem korrekten alltäglichen Verhalten erkennen lassen, ist es nicht so einfach, in friedlichen Zeiten einen mutigen Manager auf Anhieb als solchen zu erkennen, denn in ruhigem Fahrwasser kann jeder ein guter Kapitän sein. Doch eben diese Art von Führungskräften wird gebraucht, wenn die Firma in eine Krise gerät oder permanente Innovation nötig ist, um die Konkurrenz in Schach zu halten.

Man braucht jedoch nicht erst eine Krise abzuwarten, um herauszufinden, wer mutig ist, denn Mut zeigt sich nicht erst dann, wenn ein Mann seine Rüstung anlegt und in den Kampf zieht. Man kann schon im Alltag erkennen, ob ein Manager diese Eigenschaft besitzt oder nicht. Denn wer von Natur aus mutig ist, wird, wenn es nötig ist, den Vorstand herausfordern. Er wird seinen Vorgesetzten nicht schmeicheln, sondern mutig äußern, was er für richtig hält. Er wird etwas riskieren, um Innovationen in Gang zu bringen. Wann immer er Muße hat, wird er diese Zeit zum Studium nutzen und sich in den erfolgreichen Management-Techniken schulen. Er wird sich vor Faulheit hüten und sorgsam darauf achten, wie er sowohl sein Geld als auch seine Zeit investiert. Wenn die anderen meinen, er sei schrecklich geizig, täuschen sie sich, denn er kann überaus großzügig sein, wenn es ihm nötig erscheint. Wer mutig ist, tut nichts, was den Werten und den Prinzipien seines Unternehmens widerspricht, sosehr er das manchmal auch wünschen mag. Er achtet auf seine Gesundheit in der Hoffnung, eines Tages eine Tat von herausragendem Verdienst zu vollbringen. Man wird deshalb beobachten können, daß er sein Verlangen nach Essen und Trinken zügelt und Ausschweifungen meidet, damit sein Körper in guter Verfassung bleibt. Denn im Berufsleben kommt es wie in allen anderen Bereichen vor allem auf strenge Selbstdisziplin an, welche darüber hinaus die Grundlage der Tapferkeit darstellt.

Wer dagegen nicht von Natur aus mutig ist, erweckt meist nur oberflächlich den Anschein, seinen Vorstand zu unterstützen, und es fehlt ihm der feste Wille, bei dieser Haltung zu bleiben. Er wird zu allem seine Zustimmung geben, auch wenn die Ideen des Vorstands alles andere als gut sind. Er wird seine Vorgesetzten oder seine Kollegen nur dann herausfordern, wenn es zu seinem eigenen Nutzen ist. Da ihm die Prinzipien und Werte seines Unternehmens gleichgültig sind, hat er die Neigung, sich in Dinge einzumischen, die ihn nichts angehen, Handlungen auszuführen, die unterlassen werden sollten, und in allem und jedem zuerst seinen eigenen Neigungen zu folgen. Ganz besonders widerstrebt es ihm, sich in den Management-Techniken zu schulen, er verhält sich jedoch so, als wüßte er über alles bestens Bescheid. Er liest die neuesten Bücher zum Thema «Management» und hält sich für einen Fachmann, aber er bemüht sich nicht darum, ihre Lehren in die Praxis umzusetzen. Es zeigt sich, daß er nur prahlt: über seine früheren Leistungen, seine Wichtigkeit, seine Beziehungen zu bedeutenden Personen und alle möglichen Dinge, die weder bewiesen werden können noch glaubhaft erscheinen. Ohne die geringste Voraussicht verschwendet er große Summen für Luxus. Aber in Situationen, in denen es angebracht wäre, etwas Geld auszugeben, zeigt er sich geizig und will nicht einmal seine Runde beim Trinken spendieren, wenn er an der Reihe ist. Er ißt und trinkt zuviel, lebt ausschweifend und vernachlässigt seine Gesundheit, so daß er dem Unternehmen nicht mehr richtig dienen kann. Er vergeudet seine Lebenskraft, weil er einen schwachen und ungeschulten Geist besitzt, der unfähig zur Selbstdisziplin ist. Deshalb nimmt er auch keinerlei Rücksicht auf die Sorgen und Nöte, die ein solches Verhalten seiner Familie bereitet. Es wäre sicherlich nicht vorschnell geurteilt, wenn wir diesem Manager Feigheit unterstellten. Allein durch Beobachtung der Angestellten im Alltag lassen sich also mit Leichtigkeit mutige Menschen von Feiglingen unterscheiden.

Führungskräfte in hohen Positionen bestätigen, daß sie zum letzten Mal eine ehrliche Antwort erhalten hätten, als sie ihre neue Stelle antraten. Angestellte bringen ihren Vorgesetzten nur ungern schlechte Nachrichten. Doch Führungskräfte sollten wirklich alles tun, um ein solches Verhalten nicht zu fördern oder gar «den Boten zu erschießen».

Gegen Ende seiner erfolgreichen Wachstumsphase galt beim IBM-Konzern die Maxime: «Wenn du mir nichts Positives mitzuteilen hast, dann finde ich einen, der es kann!» So wurde eine gewisse «Macho»-Haltung für viele IBM-Mitarbeiter zur zweiten Natur. Das Problem bestand aber darin, daß alle stets nur das Positive zu hören bekamen. Die meisten IBM-Manager hatten keine Ahnung von den Schwierigkeiten des Konzerns, bis IBM fast die Hälfte der Angestellten entlassen mußte.

13 Ehre

Die Prinzipien der Integrität, des Mutes und der Ehre sind nicht allein auf Führungskräfte beschränkt. Sie gelten gleichermaßen für das Umfeld des Managers: die Angestellten, die Kunden und die Mitarbeiter der Konkurrenz. Hier wird jede Führungskraft von Zeit zu Zeit mit unhöflichem und respektlosem Verhalten konfrontiert, indem der Firmenname in wenig schmeichelhafter Weise benutzt wird oder falsche Ansichten verbreitet werden. Für einen Manager gelten jedoch andere Maßstäbe. Auch wenn er noch so oft behauptet, aufrichtig und rechtschaffen zu sein, lebt er offensichtlich nicht in Übereinstimmung mit diesen Idealen, wenn es ihm an korrekten Manieren und Respekt vor anderen Personen mangelt. Wer Manager sein möchte, darf sich in seinem Verhalten nicht die kleinste Nachlässigkeit dieser Art erlauben. Auch wenn er sich unbeobachtet glaubt, sollte er in seinem Streben nach Integrität, Mut und Ehre nicht nachlassen.

Gegenüber dem Vorstand und der Unternehmensführung sollte ein Manager stets eine respektvolle Haltung an den Tag legen, ebenso wie die Vorgesetzten gut beraten sind, ihre Angestellten mit Respekt zu behandeln. Zornige oder unfreundliche Äußerungen sollten vermieden werden, und wenn es nötig ist, Widerspruch zu äußern, möge er mit Nachdruck und Überzeugung vorgetragen werden. Ein Manager sollte jede Ansicht achten – ob sie mit der eigenen Meinung übereinstimmt oder nicht –, darf sie aber nicht zum Anlaß nehmen, um sich in respektloser Weise über das Unternehmen oder sein Management zu äußern. Es ist besser für einen Manager, zu gehen und an anderer Stelle zu arbeiten, als dem Haus zu schaden, dessen Name auf seiner Visitenkarte steht.

Im Umgang mit Angestellten verhält sich der professionelle und souveräne Manager respektvoll; er achtet die Meinungen, Reaktionen und Argumente aller Angestellten, auch wenn er anders über ein Thema denkt. Die Angestellten befinden sich im Geschäftsleben an vorderster Front, und ihre Fähigkeiten und Leistungen stehen in direkter Beziehung zu der Achtung, die ihnen zuteil wird. Guten Vorgesetzten ist das längst bekannt, während schlechte Vorgesetzte versuchen, ihre Macht und ihren Status zu bewahren und ihre bedeutenden Taten auf Kosten der Mitarbeiter zu vollbringen. Für solche Vorgesetzte ist es wichtiger, Macht über die Angestellten auszuüben, als ihnen die Möglichkeit zu geben, ihre Arbeitskraft voll zu entfalten. Das aber ist der Gipfel der Respektlosigkeit. Diese Art von Managern sollte entlassen werden, weil sie den Ehrenkodex verletzen und um zu verhindern, daß das Engagement der Angestellten weiterhin beeinträchtigt wird.

Die respektvolle Haltung des Managers muß sich auch auf den Umgang mit den Kunden, der Konkurrenz und unserem ganzen Planeten erstrecken. Es ist ein Zeichen von ignoranter Rücksichtslosigkeit, wenn man schlecht über seine Kunden oder Konkurrenten redet. Die Kunden sind die Basis für die Existenz eines Unternehmens und sollten daher mit Hochachtung behandelt werden. Dasselbe gilt für die Erde als den Ursprung allen Lebens. Und schließlich sollte auch die Konkurrenz respektiert werden, denn herabsetzende und bösartige Kommentare führen nur dazu, daß ihr Urheber feige und inkompetent erscheint.

Wenn man den Konkurrenten Kunden abgewinnt, sollte das nur aufgrund der Verdienste der eigenen Firma geschehen. Auch wenn die Konkurrenten vielleicht wie unfähige Krieger kämpfen und sich nicht an den Ehrenkodex halten, gibt es für einen Manager keinen Grund, seine Ideale preiszugeben.

14 Sparsamkeit

Ob sie nun in gehobener oder in untergeordneter Position stehen – Manager sollten stets sparsam wirtschaften und über Sachverstand in finanziellen Angelegenheiten verfügen, damit sie bei ihren Haushaltskosten keine Schulden machen. Wenn eine Person mit hohem Einkommen feststellt, daß sie über ihre Verhältnisse lebt, kann sie das sehr schnell ändern, indem sie hier etwas einspart und dort etwas weniger ausgibt. Auf diese Weise ist der finanzielle Engpaß bald überwunden, weil sie von vornherein über einen gewissen finanziellen Spielraum verfügt. Aber wenn ein Mann mit geringem Einkommen wie ein wohlhabender Manager zu leben versucht, lädt er sich unnötige Ausgaben auf und gerät früher oder später in finanzielle Schwierigkeiten. Er kann die Verluste nicht ausgleichen, weil er keine Reserven hat, und sosehr er auch zu sparen versucht, verschuldet er sich doch immer mehr, bis er völlig pleite ist. Die persönlichen Haushaltskosten der Angestellten sind zwar ihre Privatsache, aber da selbst in einer Notlage gewisse Ausgaben nicht zu vermeiden sind, greifen sie möglicherweise zu Tricks, um ihr Budget aufzustocken. Das kann so weit gehen, daß sie sagen, was nicht gesagt werden sollte, und tun, was nicht getan werden darf. Denn finanzielle Schwierigkeiten führen dazu, daß selbst Menschen mit untadeligem Ruf unredliche Dinge tun, also ein Verhalten an den Tag legen, das ihnen eigentlich völlig fremd ist.

Deshalb sollte ein Manager den festen Entschluß fassen, nicht über seine Verhältnisse zu leben, und sorgsam darauf achten, keine nutzlosen Ausgaben zu machen. Wenn er sein Geld nur für das Notwendige ausgibt, handelt er nach dem Prinzip der Wirtschaftlichkeit. In diesem Zusammenhang muß man allerdings auf eine Gefahr hinweisen: Wenn man nichts anderes tut, als über Sparsamkeit zu reden, und alles daransetzt, nur ja keinen Pfennig zuviel auszugeben, indem man an allen Ecken und Enden knausert und kratzt, und wenn es einen mit Begeisterung erfüllt, mit schäbigen Tricks einen Pfennig auf den anderen zu häufen, erwirbt man eine Mentalität, die sich ganz am schnöden Mammon orientiert. Schließlich verliert man sein Anstandsgefühl und ist sich nicht mehr sicher, was man tun und was man besser lassen sollte. Menschen, die diesen Weg eingeschlagen haben, verlieren all ihren wirtschaftlichen Instinkt auf Kosten der Geldhamsterei. Was sie praktizieren, ist nicht Sparsamkeit, sondern Geiz. Knauserigkeit bei einem Manager ist abscheulich. Denn wenn ihm all das Geld wichtiger ist als seine Pflicht und er es nur höchst widerwillig ausgibt, wieviel mehr wird es ihm dann widerstreben, seine Karriere für die Veränderungen zu riskieren, die für den Erfolg seines Unternehmens erforderlich sind? Schon die alten Chinesen vertraten aus dem Grund die Ansicht, daß Geiz gleichbedeutend mit Feigheit ist.

15 Wahre Kollegialität

Für einen Manager ist es von größter Wichtigkeit, daß er nur mit denjenigen unter seinen Kollegen Umgang pflegt und Freundschaften schließt, die couragiert, pflichtbewußt, klug und einflußreich sind. Da aber solche Menschen nicht gerade zahlreich sind, findet er unter seinen verschiedenen Freunden vielleicht nur einen einzigen, auf den er sich im Notfall voll und ganz verlassen kann. Im allgemeinen ist es jedoch für einen Manager nicht empfehlenswert, sich jemanden unter den Kollegen zum engen Freund zu machen, mit dem er gerne ißt, trinkt und gesellschaftlich verkehrt. Denn wenn er in diesem Menschen einen verwandten Geist entdeckt und ihn zu seinem besten Freund macht, weil

er meint, daß er ihm ein unterhaltsamer Gefährte sein
wird, kann es nur allzuleicht dazu kommen, daß die beiden sich in einer Weise benehmen, die ihrer Stellung
völlig unangemessen ist. Sie gehen möglicherweise
respektlos miteinander um, achten nicht mehr auf
ihre korrekte Haltung, verbringen ihre gemeinsamen
Abende mit unflätigem Gesang und Geschrei und be-
nutzen allzu vertrauliche Formen der Anrede. In einem
Moment mögen sie noch die besten Freunde sein, um
im nächsten Moment wegen einer Lappalie in Streit zu
geraten und kein Wort mehr miteinander zu reden. Ein
derart verwerflicher Mangel an Würde zeugt von feh-
lender Professionalität und ermöglicht es ihren Angestellten, diese Freundschaft für ihre eigenen Ziele zu
manipulieren.

Wenn solche engen Freunde in demselben Unternehmen arbeiten, kann ihr Urteilsvermögen darunter
leiden, daß persönliche Interessen mit geschäftlichen
Zielen kollidieren. Ähnlich wie in familiären Beziehungen sollte auch im Geschäftsleben niemand in irgendeiner Weise versuchen, einen Freund zu kompromittieren. Doch wenn die Freundschaft zu intim ist, kann es
zu solchen Konflikten kommen.

*Enge Freundschaften können Probleme verursachen,
wenn sie objektive Entscheidungen zum Nutzen des
Geschäfts erschweren. So vereitelte kürzlich die Kum-
panei der «guten, alten Jungs» den Versuch eines Kunden aus dem Bankmanagement, mit einem neuen
Anbieter 20 Prozent der Kosten für die Immobilienver-
waltung einzusparen. Man bat ihn, es bleiben zu lassen,
weil «Jack mit mir auf die Vorbereitungsschule ging. Er*

*ist ein guter Kerl und kommt aus einer blaublütigen Fa-
milie.»* Wegen der Entscheidung, einen unfähigen Verkäufer aus persönlichen Gründen zu behalten, verliert
die Bank nun Hunderttausende von Dollars.

16 Zuverlässigkeit

Zuverlässigkeit ist eine der wichtigsten Eigenschaften,
die den *Weg des Managers* prägen. Aber das bedeutet
nicht, daß ein Manager ohne gute Gründe seine Hilfe
anbieten oder einen Plan durchführen sollte. Auch
sollte er sich nicht aus reinem Aktivismus in unbedeutenden Angelegenheiten engagieren oder Verpflichtungen auf sich nehmen, die nicht in seinen Arbeitsbereich
fallen. Selbst aus Angelegenheiten, die ihn bis zu einem
gewissen Grad betreffen, hält er sich besser heraus, solange ihn keiner um seine Mitwirkung bittet. Denn
wenn sich ein Manager auf derartige Verpflichtungen
einläßt, können ihn selbst kleinere Probleme so sehr in
eine Sache verwickeln, daß er sich nicht mehr daraus
zurückziehen kann, ohne seine Karriere aufs Spiel zu
setzen. Deshalb ist einem Manager ausdrücklich ans
Herz zu legen, mögliche Gefälligkeiten stets genauestens zu überdenken.

Wenn ein Samurai im alten Japan um einen Gefallen
gebeten wurde, pflegte er sorgsam zu überlegen, ob er
diese Bitte gewähren konnte oder nicht. Wenn nicht,
hat er sofort abgelehnt. Wenn er aber darauf einging,
engagierte er sich in der Angelegenheit nur nach gründ-
licher Überlegung, so daß er bestens darauf vorbereitet
war, sein Versprechen so schnell wie möglich zu erfül-

len. Auf diese Weise wurden die Probleme des Bittstellers gelöst, und der Wohltäter erwarb sich große Anerkennung. Wenn er dagegen ohne reifliche Überlegung Verpflichtungen auf sich nahm, die er nicht richtig erfüllen konnte, kam er ungewollt in den Ruf der Unzuverlässigkeit, sobald dies bekannt wurde.

Seine Meinungen oder Ratschläge sollte man nur nach reiflicher Überlegung äußern. Eltern, Lehrer, Geschwister und Verwandte können zwar ihren Kindern, Schülern, Neffen und Nichten falsche Ratschläge geben, ohne größeren Schaden anzurichten, doch sollte ein Manager alles, was aus seinem Munde kommt, auf die Goldwaage legen. Besonders bei seinen Äußerungen im Kreis seiner Freunde und Kollegen muß er äußerste Umsicht walten lassen. Wenn er eingeladen wird, an einer Besprechung teilzunehmen, kann er natürlich erklären, daß er zu einem bestimmten Thema keine eigene Ansicht habe, und sich weigern, es zu erörtern. Aber wenn er an der Diskussion teilnimmt, ist sein Beitrag von um so größerem Nutzen, wenn er genau sagt, was er denkt, in aller Klarheit und Prägnanz, ohne Zurückhaltung und Rücksicht auf eine mögliche Ablehnung oder den Ärger der anderen Teilnehmer. Denn wenn er sich aus Schwäche oder aus Furcht, die anderen zu kränken, zögerlich verhält, seine eigentliche Sicht der Dinge verschweigt und statt dessen unvernünftigen Ansichten zustimmt, kann dieses Verhalten ihm harsche Kritik einbringen. Und wenn er, um einen Bruch zu vermeiden, zulassen sollte, daß falsche Maßnahmen ergriffen und anderen Mitarbeitern unzumutbare Lasten aufgebürdet werden, dann wird man ihn zuletzt als nutzlosen Berater verachten. In Managerkreisen kommt es außerdem häufig vor, daß jemand sich aus purer Ignoranz für zu wichtig hält, um andere um Rat zu fragen. Solch ein Mitarbeiter, der Beratungen stets mit dem Argument ablehnt, sie seien völlig überflüssig, und der alles allein nach seiner eigenen Auffassung entscheiden will, kann ein ziemliches Chaos anrichten. Als Folge davon wird er sich keiner großen Beliebtheit unter seinen Kollegen erfreuen.

17 Verantwortungsbewußtsein

Wie ich bereits im ersten Abschnitt dieses Buchs festgestellt habe, sollte ein Manager ein Mensch sein, der allein für den heutigen Tag lebt und keinen unnötigen Gedanken an morgen verschwendet. Wenn er sich diese Einstellung zu eigen gemacht hat, erfüllt er Tag für Tag mit Eifer und Gründlichkeit alle seine Pflichten; nichts bleibt unerledigt, und er hat keinen Anlaß, sich Vorwürfe zu machen oder Reue zu empfinden. Für den gegenwärtigen Augenblick zu leben bedeutet aber nicht, die Folgen seines Handelns für die Zukunft aus den Augen zu verlieren. Schwierigkeiten entstehen nur dann, wenn man sich allzusehr auf die Zukunft verläßt und deshalb faul und nachlässig wird und die Dinge schleifen läßt. Nach langen Diskussionen verschiebt man möglicherweise wichtige Angelegenheiten ebenso wie weniger bedeutende Aufgaben auf morgen, weil man glaubt, daß sie am nächsten Tag noch genausogut zu erledigen seien. Manche Manager bürden auch gerne bestimmte Verantwortungen einem Kollegen auf und tadeln ihn dann für ihre eigenen Versäumnisse. Und wenn der Versuch, jemanden zu finden, der eine Aufgabe für sie bewältigt, erfolglos ist, lassen sie die Sache liegen. Das führt binnen kurzer Zeit dazu, daß sich ein Berg von unerledigten Angelegenheiten anhäuft. Dieser folgenreiche Fehler hat seine Ursache darin, daß man sich zu sehr auf die Zukunft verlassen hat; man sollte sich davor hüten.

Wenn zum Beispiel ein Manager einen auswärtigen Besprechungstermin hat, sollte er sorgfältig kalkulieren, wieviel Zeit er für die Fahrt dorthin von seinem Büro aus braucht, und rechtzeitig aufbrechen, damit er sich kurz vor der angesetzten Zeit des Treffens am verabredeten Ort befindet. Manche Dummköpfe vergeuden ihre Zeit, indem sie noch schnell eine Zigarette rauchen oder mit ihren Sekretärinnen und Kollegen plaudern, statt sich zur geplanten Zeit auf den Weg zu machen. Weil sie ihr Büro zu spät verlassen haben, müssen sie sich unterwegs – sei es zu Fuß oder im Auto – so sehr beeilen, daß sie anderen Leuten nicht mit der erforderlichen Höflichkeit begegnen können. Wenn sie zuletzt ihr Ziel erreicht haben, sind sie in Schweiß gebadet und ganz außer Atem; dann müssen sie sich mit der Ausrede, daß sie noch etwas sehr Dringendes zu erledigen hatten, für ihre Verspätung entschuldigen. Wenn ein Manager auf einer Konferenz erwartet wird, sollte er sich auf keinen Fall aus privaten Gründen verspäten. Und wenn jemand Wert darauf legt, ein wenig zu früh zu kommen, und einmal gezwungen sein sollte, eine Weile auf einen verspäteten Kollegen zu warten, sollte er weder gähnend herumsitzen, noch sollte er nach einer Viertelstunde gleich wieder davoneilen, als ob er nur widerwillig dagewesen wäre. Denn ein derartiges Verhalten hinterläßt auf keinen Fall einen guten Eindruck.

18 Achtsamkeit der Rede

Wer in einem Unternehmen in leitender Position steht, sollte es stets sorgsam vermeiden, über die Fehler seiner Kollegen, die ihm zu Ohren gekommen sind oder die er mit eigenen Augen beobachtet zu haben meint, hinterhältige Gerüchte zu verbreiten. Denn es besteht die Möglichkeit, daß er die vermeintlichen Unzulänglichkeiten der Kollegen ohne böse Absicht mißverstanden haben könnte. Da höhere Führungskräfte außerdem die Wünsche des Vorstandes vertreten, fällt jede Kritik an ihnen automatisch auch auf den Vorstand zurück. Schließlich kann es eines Tages geschehen, daß man sich mit einem dringenden Anliegen an einen von ihnen wenden oder ihn sogar unterwürfig um einen Gefallen bitten muß. Nachdem man kurz zuvor noch hinter seinem Rücken über ihn gelästert hat, muß man nun auf einmal einen freundlichen Ton anschlagen. Das ist eine Situation, in die sich kein Manager hineinmanövrieren sollte, ganz gleich, wie wichtig die Angelegenheit auch sein mag.

19 Bescheidenheit

Im alten Japan standen viele Samurai in dem Ruf, Prahlhänse zu sein. Tatsächlich hatte wohl jeder Fürst zu jener Zeit ein paar Samurai dieses Schlags in seinem Gefolge. Es handelte sich durchaus um Männer, die sich vieler großer Taten rühmen konnten und dem Weg des Kriegers in tadelloser Weise folgten; aber unter Umständen neigten sie dazu, sich starrköpfig und schwierig zu verhalten. Wenn sie in ihren Lebensumständen unter Druck gerieten und es in Verbindung mit ihrem Einkommen oder ihren Pflichten zu Zwischenfällen kam, die sich nicht mit ihrem hohen Ansehen vertrugen, verloren sie alle Hemmungen und sagten, was ihnen beliebte, ohne Rücksicht, wer sich in ihrer Gesellschaft befand. Aber ihr Fürst, seine Berater und die Älteren ihres Clans pflegten ein solches Verhalten nicht zur Kenntnis zu nehmen. Das machte diese Männer noch streitsüchtiger, und sie sagten jedem ins Gesicht, was sie von seinen guten und schlechten Seiten hielten, ohne sich zurückzuhalten oder zu entschuldigen; und so fuhren sie ihr ganzes Leben lang fort. Das waren die Prahlhänse von damals – Männer, die zwar ein rüpelhaftes Benehmen an den Tag legten, aber auf eine ganze Reihe von großen Taten zurückschauen konnten.

Bei den Angebern heutzutage handelt es sich dagegen um Zeitgenossen, die noch nicht ein einziges Mal in ihrem Leben eine Rüstung angelegt haben, um mutig eine Schlacht auf dem Markt für sich zu entscheiden, und statt dessen die meiste Zeit mit ihren Freunden und Bekannten zusammensitzen, um über die schlechten Seiten ihrer Firma zu diskutieren. Es macht ihnen Freude, auf die Unzulänglichkeiten ihrer Vorgesetzten hinzuweisen, und sie lassen bei ihrem Büroklatsch die Schwächen ihrer Kollegen bestimmt nicht aus, während sie gleichzeitig ihre eigene Überlegenheit betonen. Zwischen diesen aufgeblasenen Angebern von heute und den tapferen Prahlhänsen von einst liegen Welten, und es ist bestimmt nicht vorschnell geurteilt, sie als Scharlatane und Narren zu bezeichnen.

Da dieses Prinzip von zeitloser Gültigkeit ist, habe ich die Originalübersetzung kaum verändert. Der Egoismus und der Stolz sind die beiden menschlichen Eigenschaften, die die erfolgreiche Arbeit von Unternehmen am wirkungsvollsten verhindern und die das nicht enden wollende Taktieren und das absurde Theater verursachen, die wir nur allzugut kennen. Es handelt sich mit Sicherheit um kein neues Phänomen. Schon vor Hunderten von Jahren war dies im alten Japan ein so kritischer Punkt, daß man ihm im Weg des Kriegers ein besonderes Kapitel widmete.

20 Zufriedenheit

Wenn ein Manager, der seinem Vorstand einen besonderen Dienst erwiesen hat, dies für etwas Außergewöhnliches hält und vielleicht auch von seinen Kollegen dafür gelobt wird, sollte er stets bedenken, daß sein Vorstand die Angelegenheit möglicherweise auch in einem anderen Licht sehen könnte. Selbst wenn der Vorstand voller Dankbarkeit ist, kann etwas an der Sache sein, das ihm mißfällt. Sollte der Manager also kein Lob erhalten, könnte er glauben, man hätte seine Verdienste übersehen, und verleiht vielleicht diesem Gefühl der Unzufriedenheit Ausdruck, indem er sich ständig über die Undankbarkeit seines Vorgesetzten beklagt. Es verlangt keine besondere Erwähnung, daß sich hier der Irrtum einer Person zeigt, die nicht weiß, was richtige Pflichterfüllung bedeutet.

Die alten Samurai aus der Epoche des Bürgerkriegs waren den ganzen Tag auf dem Schlachtfeld und riskierten dabei ihr Leben für ihre Fürsten und Anführer, aber sie redeten nicht über ihre Verdienste oder ihre Heldentaten. Dagegen muß man leider feststellen, daß die Manager von heute sich damit zufriedengeben, um ihre Schreibtische herumzuschleichen, sich die Hände zu reiben und ihre Schlachten mit der Zunge auszutragen. Solch ein Verhalten läßt sich keinesfalls mit dem damaligen Einsatz der Samurai im Krieg vergleichen. Aber ob auf dem Schlachtfeld oder auf dem modernen Markt – stets ist es die Pflicht der Führungskräfte, im Geist der uneingeschränkten Loyalität zu dienen. Ob ihre Taten nun tatsächlich etwas Besonderes darstellen, ob sie Lob verdienen oder nicht, muß dem Urteil ihres Vorstands überlassen bleiben. Es reicht völlig aus, daß sie fest entschlossen sind, ihre Pflicht in der angemessenen Weise zu erfüllen. Es gehört sich nicht für Manager, Gefühle der Unzufriedenheit zum Ausdruck zu bringen.

21 Ehrgefühl

Unabhängig von seinem Rang oder seinem Dienstalter sollte sich jeder Manager vor allen anderen Dingen der Frage widmen, wie er seinem unvermeidbaren Ende begegnen will. Wie tüchtig und fähig er auch sein mag – wenn er sich von seinem Egoismus oder Machtstreben zu sehr vereinnahmen läßt, wird er bei schwierigen Entscheidungen, die das Wohl der Firma betreffen, keine gute Figur machen und möglicherweise sogar persönlich scheitern. Seine früheren Taten geraten schnell in Vergessenheit, und alle rechtschaffenen Menschen werden ihn in dem Fall verachten, so daß er mit Schande bedeckt sein wird.

Denn wenn ein Manager voller Kampfgeist in die Schlacht zieht, auf den Märkten tapfer und erfolgreich streitet und so zur Legende in der Firma wird, erreicht er das nur, weil er zum äußersten Opfer bereit ist. Sollte dann unglücklicherweise wirklich das Schlimmste eintreten, sollte seine Firma von einem feindlichen Investor eingenommen werden und er deshalb seine Position oder Anstellung verlieren, bleibt ihm nur die Möglichkeit, mit Würde zu gehen. Wenn der Gegner seinen Rücktritt fordert, sollte er ihn selbst sofort mit lauter und klarer Stimme ankündigen und in ehrenhafter und völlig furchtloser Haltung seinen Kopf hinhalten. Oder wenn er so schwer getroffen ist, daß eine Degradierung unvermeidbar erscheint und ihm in seiner Niederlage keiner mehr helfen kann, so verhält sich ein Manager korrekt, wenn er seinen Vorgesetzten und Kameraden ohne Zorn oder Trotz folgt. Wenn er aber merkt, daß er tödlich verwundet ist, sollte er der Sache ohne weitere Umstände ein Ende machen.

Gleiches gilt auch in Zeiten des Friedens: Ein Manager, gleich welchen Alters, der sich als inkompetent erwiesen hat, sollte Charakterstärke und Entschlossenheit an den Tag legen und kein Aufhebens darum machen, wenn er sich dazu entschließen sollte, das Unternehmen zu verlassen. Natürlich ist es sinnvoll und angemessen – unabhängig von der Position im Unternehmen –, seinen Vorgesetzten persönlich von seiner Absicht zu unterrichten. Der scheidende Manager sollte dabei zum Ausdruck bringen, daß ihn seine Tätigkeit lange Zeit mit Freude erfüllt und er seine Pflichten stets mit vollem

Eifer und Einsatz ausgeführt habe; leider sei er nun zu der Erkenntnis gelangt, daß seine Führungsqualitäten sehr begrenzt seien. Er sei sich außerdem bewußt, daß es schwer sei, den angerichteten Schaden wiedergutzumachen. Folglich sei es sein Wunsch zurückzutreten, für die empfangene Freundlichkeit und das Vertrauen zu danken und in respektvoller Erinnerung zu bleiben, falls zukünftige Arbeitgeber um Empfehlungen bitten würden. Darauf sollte er sich von seinen Freunden und Kollegen verabschieden und ihnen erklären, daß es sich eigentlich nicht für einen Manager gehört, einfach sang- und klanglos abzutreten, nachdem er so lange die Gunst des Unternehmens und seiner Kameraden genossen hatte; in seinem Fall sei es aber leider unvermeidlich. Er sollte die Nachwuchskräfte unter ihnen ermahnen, weiterhin ehrenhaften Prinzipien zu folgen, sich ihrem Dienst am Kunden mit aller Entschlossenheit zu widmen und in ihrem Eifer niemals nachzulassen. Sollten sie dabei versagen oder sich in illoyaler und pflichtvergessener Weise verhalten, wird er sie «enteignen und enterben», auch wenn er seine Karriere nun an anderer Stelle fortsetzt. Auf diese Weise sollte der wahre Manager seinen Abschied nehmen.

Auch der Weise Konfuzius hat immer wieder betont, daß die letzten Worte eines Mannes von Ehrgefühl zeugen sollten. Wie unterscheidet sich doch ein solcher Tod vom Ende eines Menschen, der sich nicht in Gedanken auf sein unvermeidliches Ende einstimmen will und sich statt dessen darüber auch noch Sorgen macht! Da ihr Ego besonders stark ausgeprägt ist, sind solche Menschen entzückt, wenn andere Leute ihnen schmeicheln, sie seien die Größten; sie hassen es dagegen, wenn sie hören müssen, daß sie nicht genug leisten. Die ganze Zeit über spielen sie nur Theater, stellen sich in ein möglichst gutes Licht und rotieren ständig in einem Zustand sinnloser Aktivität. Obwohl geschäftliche Erfolge ausbleiben, erzählen sie niemandem davon und stehen plötzlich vor dem schäbigen Ende ihrer Laufbahn. Die Ursache für eine solche Handlungsweise ist allein die, daß sie sich nicht ständig ihr Ende vor Augen halten, sondern schon jede harmlose Erwähnung dieses Themas als unheilverkündend von sich weisen. Scheinbar erwarten sie, ewig weiterzuleben, und klammern sich voller Gier an ihre Existenz. Wer mit solch einer feigen Einstellung in die Schlacht zieht, wird wohl kaum ein heldenhaftes Ende finden und sich im Glanz der Ehre sonnen können. Deshalb sollte jeder, der das Ideal des Managers hochhält, darauf bedacht sein, daß er ebenso recht zu sterben wie zu leben weiß.

III

Rollen und Pflichten

22 Gerechte Machtausübung

Wer im höheren Management eines Unternehmens tätig ist, ist seiner Firma und den Mitarbeitern zu großem Dank verpflichtet, denn allein durch ihr Wohlwollen erhält er die Gelegenheit, in einer gehobenen Position zu stehen und zu wirken. Die alten Samurai glaubten sogar, daß sie ihrem Fürsten nur dadurch ihre Schuld zurückzahlen konnten, indem sie ihm in den Tod folgten. Dies verbietet heute allerdings das Gesetz. Welche Alternativen gibt es dann? Ein Mann mag sich zum Beispiel die Gelegenheit wünschen, sich vor seinen Kameraden hervorzutun und ein außergewöhnliches strategisches Risiko einzugehen, um etwas Großartiges zu leisten, das weit über das Normalmaß hinausgeht. Jemand, der den festen Entschluß faßt, eine solche Tat zu vollbringen, wird mir sicher zustimmen, daß dies hundertmal besser ist, als sich das Leben zu nehmen. Denn durch seine heldenhafte Tat kann er zum Retter seiner Firma und all seiner höhergestellten und untergeordneten Kollegen werden. Seine Tat wird zur Legende werden, und bis ans Ende aller Tage wird man sich seiner als vorbildlichen Manager erinnern, der die drei Tugenden von Integrität, Mut und Ehre in vollem Umfang besessen hat.

Jedoch gibt es in den meisten Unternehmen eine Art von «bösem Geist», der das Führungsteam verfolgt. Das kann sich zunächst darin zeigen, daß er durch Unfall oder Krankheit den Tod eines Jungmanagers verursacht, der diese drei Tugenden besaß und am Beginn einer vielversprechenden Karriere stand. Ein solch unersetzlicher Verlust ist deshalb ein schwerer Schlag für das Unternehmen.

Als nächstes wird der böse Geist möglicherweise von einem leitenden Angestellten, der das volle Vertrauen und die Gunst des Vorstands hat, Besitz ergreifen. Dieser verwandelt sich daraufhin in ein hinterhältiges politisches Tier, das seinen Vorgesetzten täuscht und ihn zu ungerechten und unmoralischen Handlungen verleitet. Dabei stehen ihm sechs verschiedene Methoden zur Verfügung.

Erstens könnte er seinen Vorgesetzten daran hindern, bestimmte Dinge zu sehen oder zu hören, und es geschickt so einfädeln, daß andere Führungskräfte ihre Ansichten entweder gar nicht erst äußern dürfen oder daß ihre Meinung von vornherein abgelehnt wird, falls sie doch zu Wort kommen. Er wird alles so raffiniert manipulieren, daß der Vorstand ihn allein für unentbehrlich hält und alles seiner Obhut anvertraut.

Zweitens könnte er dafür sorgen, daß jeder Manager, den er für talentiert hält und der in Zukunft dem Vorstand einmal nützlich sein könnte, auf einen anderen Posten versetzt und von der Vorstandsetage ferngehalten wird. Er wird es mit Hilfe seiner eigenen Beziehungen so einrichten, daß ausschließlich Mitarbeiter, die ihm nie widersprechen und ihm ganz ergeben sind, in die Nähe des Vorstands gelangen. Auf diese Weise verhindert er, daß der Vorstand etwas über seinen extravaganten und anmaßenden Lebensstil erfährt.

Drittens kann er den Vorstand von der Attraktivität und Wichtigkeit eines räumlich entfernten Projekts überzeugen und ihm weismachen, daß es von großer Bedeutung für die zukünftige Unternehmensstrategie sei. Zu diesem Zweck wird er Berater zu Hilfe rufen, die seine Meinung teilen, ohne ihre Integrität zu überprüfen. Er wird den Vorstand auf Reisen und zu auswärtigen Terminen schicken, indem er ihm einredet, daß sie zu seinen wesentlichen Aufgaben gehörten. Wenn sogar ein von Natur aus tüchtiger und energischer Mann durch schlechte Berater in die Irre geführt werden kann, um wieviel einfacher ist dies dann bei einem Menschen, dem es an Charakterstärke fehlt! Wenn das Urteilsvermögen des Vorstands erst einmal getrübt ist, wird er nur noch an die interessanten Projekte denken. Er ist davon so sehr eingenommen, daß er schließlich Tag und Nacht völlig abgelenkt und zerstreut sein wird. Es kann so weit kommen, daß er die ganze Zeit in seinem Büro zubringt, ohne auch nur einen einzigen Gedanken an seine offiziellen und administrativen Aufgaben zu verschwenden, die ihm nun bereits so verhaßt sind, daß er nicht einmal darüber sprechen will. Deshalb bleibt alles in den Händen des intriganten Managers, dessen Macht Tag für Tag zunimmt, während alle anderen zu bloßen Platzhaltern werden – zu immer kleiner werdenden Männern mit zusammengepreßten Lippen –, während es gleichzeitig mit dem ganzen Unternehmen ständig bergab geht.

Eine solche Entwicklung in der Machtverteilung kann viertens dazu führen, daß alles geheimgehalten wird. Da die Ausgaben ständig wachsen und die Einnahmen erhöht werden müssen, werden ehemals gültige Regeln außer Kraft gesetzt und neue erlassen. Hier wird ein Spion eingesetzt, dort wird jemand bestochen, und Aufwandsentschädigungen werden einfach gekürzt. Eine schleichende Demoralisierung macht sich unter den Angestellten breit, weil sich niemand auch nur im geringsten um sie kümmert; von Bedeutung ist allein, ob ihr Vorstand noch weitere Zerstreuungen finden kann. Obwohl sie sich in der Öffentlichkeit nicht dazu äußern, herrscht unter den Managern größte Unzufriedenheit, und schon bald gibt es in der Firma keinen Mitarbeiter mehr, der mit voller Loyalität hinter ihr steht.

Fünftens kann man davon ausgehen, daß der ehrlose Manager sich mit Sicherheit nicht an den Weg des Kriegers hält, obwohl sich jedes Vorstandsmitglied an den Ehrenkodex halten sollte. Er hat nicht das geringste Interesse an Fragen des Wettbewerbs und an der notwendigen ständigen Überprüfung der Stärken und Schwächen seines Unternehmens. Jeder in der Firma wird sich seiner lässigen Haltung nur zu gern anschließen, und niemand wird sich mehr um «Waffen und Nachschub» kümmern, das heißt seinen Pflichten in der gebotenen Weise nachgehen. Alle Mitarbeiter werden völlig zufrieden damit sein, die Dinge sich selbst zu überlassen und in den Tag hinein zu leben. Niemandem würde es angesichts der Lage seines Unternehmens einfallen, seiner Vorgänger zu gedenken, die Krieger von großem Ruhm gewesen waren. Wenn eine Krise die Mitarbeiter in dieser Verfassung unvorbereitet trifft, wird nichts als Aufregung und Verwirrung herrschen, da niemand weiß, was er zu tun hat.

Wenn der Vorstand schließlich nahezu abhängig von seinen Zerstreuungen geworden ist, wird er im sechsten Fall durch den Einfluß seiner illusionären, unerfüllbaren Wünsche allmählich unter Druck geraten und immer launenhafter werden, bis sogar seine Gesundheit darunter leidet. Alle seine Manager werden den Mut verlieren und es an Aufrichtigkeit ihm gegenüber fehlen lassen.

Ohne die nötige Führung von oben werden sie einfach von einem Tag zum nächsten ohne Überlegung und Ziel leben. Zuletzt mag dem Vorstand durch den Einfluß dieses bösen Geistes sogar etwas zustoßen.

Ein derart intriganter Manager – dieser rachsüchtige Feind seines Vorstands und böse Geist seines Unternehmens – wird als die Wurzel allen Übels ohne Zweifel von der ganzen Firma verwünscht werden. Doch die Erkenntnis des Betrugs führt noch nicht zu seiner Verurteilung; erst wenn sich neun oder zehn Manager gegen ihn verbünden, um ihn anzuklagen und mit starken Argumenten seine Verurteilung zu erreichen, kann seine Machtposition erschüttert werden. In diesem Fall kann die Angelegenheit nicht geklärt werden, ohne sie publik zu machen, was bedeutet, daß der Vorstand und sein Unternehmen in der Presse äußerst schlecht dastehen werden. Die Angelegenheit kann sogar noch weitere Kreise ziehen und damit enden, daß der Aufsichtsrat eine Strafe verhängt. Die Unfähigkeit eines Vorstands, seine Geschäfte auszuführen, und seine Maßregelung durch einen Aufsichtsrat hat schon immer, zu allen Zeiten, zum Ende seiner Herrschaft geführt. Das kommt auch in folgenden Sprichwörtern zum Ausdruck: «Wer das Horn geradebiegen will, tötet den Ochsen», und «Wer Ratten jagt, zündet den Tempel an». Stets hat der Untergang eines Vorstands dieselben Folgen für seine Angestellten: Sie werden entlassen und verlieren ihren Lebensunterhalt.

Deshalb ist es am besten, diesen raffinierten Schurken, den bösen Geist des ganzen Teams, möglichst früh zu ergreifen und ihm «den Kopf abzuschlagen». Dies kann dadurch geschehen, daß man einen Dringlichkeitsantrag beim Aufsichtsrat stellt oder selbst eine Intrige einfädelt, die seine Bosheit enthüllt. Man könnte auch direkt an den Vorstand appellieren oder nach eigenem Ermessen andere mehr oder weniger riskante Schritte unternehmen, um ihm und seinem korrupten Treiben ein Ende zu setzen. Sollte sich jedoch eine ungünstige Gegenreaktion andeuten, muß der Betreffende sofort seinen Hut nehmen, damit es zu keiner Anklage oder schlechten Presse kommt und der Ruf des Vorstands keinen Schaden nimmt. Auf diese Weise kann das Unternehmen den Zwischenfall sicher überstehen, ohne daß es in seinem Reich zum offenen Konflikt kommt. Wer sich dementsprechend verhält, darf als vorbildlicher Manager gelten, dessen Tat noch hundertmal wertvoller als Selbstmord aus Loyalität ist. Wer so handelt, besitzt die drei Tugenden der Integrität, des Mutes und der Ehre in vollem Maße und wird der Nachwelt einen rühmenswerten Namen hinterlassen.

23 Opferbereitschaft

Es kann vorkommen, daß der Vorstand eines Betriebes sich gezwungen sieht, große Ausgaben zu machen. Wenn sich die Lage des Unternehmens daraufhin verschlechtert, muß er vielleicht die Bezüge und Prämien seiner Manager für ein paar Monate oder gar Jahre kürzen. Unabhängig davon, ob es sich dabei um bedeutende oder nur geringe Kürzungen handelt, sollte ein Manager sich in diesem Fall davor hüten, weder im vertrauten Kreis seiner Familie noch in der Öffentlichkeit auch nur leise anzudeuten, daß diese Sparmaßnahmen ihn in Schwierigkeiten oder Geldnöte bringen. Seit den Zeiten der alten Samurai pflegten die Krieger in leitenden Positionen die Verantwortung für den Zustand ihres Unternehmens vollständig zu übernehmen und sich in Zeiten der Not um ihren Vorstand zu scharen, ebenso wie dieser stets dazu bereit war, seinen Untergebenen in Notsituationen beizustehen.

Wenn der Vorstand unter Druck steht, weil er Verbindlichkeiten zu begleichen, mit Kreditgebern zu verhandeln und einschneidende Veränderungen in der Bilanz vorzunehmen hat, kann dies seine alltäglichen Aufgaben beeinträchtigen und ihn daran hindern, anderen wichtigen Verpflichtungen nachzukommen. Dies kann seinem Mitarbeiterstab die Arbeit äußerst erschweren. Die Alltagsgeschäfte können im allgemeinen jedoch wie zuvor erledigt werden, und es ist die Pflicht der Führungsriege, die Reihen unter den Angestellten zu schließen und dort einzugreifen, wo es an Führung fehlt, um dem Betrieb seine Gewinne weiterhin zu garantieren.

Dieser Ruf zur Pflichterfüllung kann jederzeit erfolgen. Wenn es zum Beispiel morgen zu unerwarteten Wettbewerbsstörungen auf dem Markt käme und das Unternehmen gezwungen wäre, seine Stellung zu verteidigen, würde es zuallererst finanzielle Mittel benötigen. Doch wie tüchtig man auch sein mag, Geld ist eine Ware, die nicht im Handumdrehen beschafft werden kann. Dazu sind Opfer nötig. Sonst wird die Firma, wie es in einem Sprichwort heißt, zu einem Mann, dessen Hand unter einem Stein eingeklemmt ist und der sich in keine Richtung mehr bewegen kann. Da die Konkurrenten schon alles vorbereitet haben, um in Stellung zu gehen, und sich dieser Termin deshalb auf keinen Fall verschieben läßt, kann sich das Unternehmen dem Zwang zur Verteidigung nicht entziehen. In solch einer angespannten Lage müssen alle Manager unabhängig von ihrem Dienstalter dafür Sorge tragen, die Kosten zu reduzieren, die Arbeit effizienter zu gestalten und schließlich auch sich selbst darauf vorbereiten, einen angemessenen Teil ihrer Bezüge und Prämien beizusteuern.

Während dieser Phase reduzierten Einkommens sollte jeder nach Mitteln und Wegen suchen, die Geschäftskosten zu vermindern. Das kann bedeuten, daß man die Zahl der Schritte in einem Arbeitsablauf verringert, die Prioritäten des Betriebes neu bestimmt, die Produktivität verbessert oder sich verstärkt auf solche Aktivitäten konzentriert, auf die es in Zeiten der Krise ankommt. Dann sollten sich auch die Führungskräfte ihr Mittagessen von zu Hause mitbringen, ihre Briefe selbst schreiben, ihre Akten eigenhändig ordnen, Anrufe persönlich entgegennehmen, sich selbst den Kaffee kochen und sich schließlich mit allen weiteren Schwierigkeiten abfinden. Es ist die Pflicht aller Mitarbeiter, ihre ganze Kraft darauf zu verwenden, die notwendige Ordnung des Betriebs aufrechtzuerhalten. So kann man zum Beispiel durchaus auf ein neues Kopiergerät verzichten, sich mit dem Aufrüsten eines alten Computers begnügen oder möglicherweise bei den Reisekosten sparen. Diese Einsparungen sollten so viel einbringen, daß der Vorstand keine Kredite aufnehmen muß. Falls er aber doch einen Kredit brauchen sollte, werden die getroffenen Maßnahmen den Banken gefallen und sie von seiner Kreditwürdigkeit überzeugen.

Selbst wenn weit und breit keine gefährlichen Herausforderer auf dem Markt zu erkennen sind, sollte man eine solche Gefahr in Betracht ziehen und Lösungsmöglichkeiten erwägen; der Vorstand sollte nicht zögern, schon jetzt an die Opferbereitschaft der Mitarbeiter zu appellieren. Denn wenn alle bereit sind, derartige Schwierigkeiten selbst in einer friedlichen Phase der Wirtschaft zu ertragen, kann die Firma in einer Notsituation mit allen geschäftlichen Anforderungen fertig werden. Sie kann sogar zusätzliche Mittel bereitstellen, um günstige Gelegenheiten wie zum Beispiel eine Messe wahrzunehmen, wo sie sich zahlreichen Besuchern aus der ganzen Welt mit einem eindrucksvollen Messestand und einer attraktiven Produktpalette präsentieren kann. Denn wenn diese Präsentation in den Augen der Kunden derjenigen der Konkurrenz unterlegen ist, bringt das nicht nur dem Vorstand, sondern dem ganzen Unternehmen lebenslang Schande.

Ein Manager, der sich über die Kürzung seiner Bezüge beschwert, ist ein Skandal, selbst wenn der Vorstand nichts davon erfährt oder ein solches Verhalten mit Verachtung gestraft wird. Denn daran erkennt man einen Feigling, daß er in sicheren und guten Zeiten im Lager bleibt, aber das Weite sucht, sobald der Kampf beginnt.

24 Krisenmanagement

Ein Manager, der ein gutes Gehalt von seinem Vorstand erhält, darf sein Leben nicht ausschließlich als sein eigenes betrachten. Es lassen sich zwei Arten von Mitarbeitern eines Unternehmens unterscheiden. Da gibt es zum einen die Angestellten in nicht leitender Position, die zwar die ganze Zeit über fleißig arbeiten, aber nicht unbedingt dazu verpflichtet sind, ihre Karriere für ihre Firma zu opfern. Man darf sie nicht schelten, wenn sie sich als wenig bewandert in der Kunst des Managements erweisen.

Doch dann gibt es den Manager, der sich von den anderen Angestellten deutlich unterscheidet. Denn er sollte sich als Diener des Unternehmens verstehen, der durchaus bereit ist, seine Karriere dafür zu riskieren, so wie es auch der Vorstand gegenüber dem Aufsichtsrat tun würde. Sollte es im Reich des Unternehmens zu Schwierigkeiten kommen, hat er seine Pflicht entsprechend seinem Status zu erfüllen. Das bedeutet, daß er in Übereinstimmung mit den Statuten des Aufsichtsrats sein Budget und seine Mittel bestmöglichst einsetzen sollte – in Kooperation mit den Angestellten, die seiner Aufsicht unterstehen. Nach dem Vorbild der alten Samurai hat ein Manager, wenn er seine Streitkräfte in den Kampf um einen Marktsektor führen muß, eine ausreichende Zahl von Männern zurückzulassen, um die anderen Märkte gegen Angriffe zu schützen. Deshalb hat er einen sehr großen Stab von fähigen Leuten zu unterhalten, obwohl er sie nicht alle ständig einsetzen kann.

Als Gegenleistung für all seine Privilegien erfüllt der Manager in der Unternehmensführung pflichtbewußt seine alltäglichen Aufgaben und leistet dabei zu Zeiten, in denen Ruhe auf dem Markt herrscht, allein seinen gewöhnlichen Dienst, der kaum als etwas Besonderes bezeichnet werden kann. Aber der Ruf zu den Waffen kann jederzeit ertönen, und dann muß er seinen Platz in den Führungsrängen einnehmen. Wenn es sich um einen Angriff auf den Markt seines Unternehmens handelt, muß er als mächtiger Konkurrent antworten. Wenn der Feind sein Unternehmen in der Produktion übertrifft, muß er zum Meister der Produktivitätssteigerung werden. Wenn die Qualität der eigenen Produkte auf den zweiten Rang zurückfällt, muß er als Reformer der Herstellung auftreten. In jedem Fall sollte er bereit sein, seine Karriere unter der Gewalt des gegnerischen Angriffs für seine Kollegen zu opfern und einem glorreichen Ende entgegenzusehen, indem er tapfer auf seinem Posten ausharrt, ohne einen Zentimeter nachzugeben. Wenn ein Manager seine Entschlossenheit mit dem Ruf bekräftigt: «Gott ist mein Zeuge, ich will eine Tat vollbringen, die kein anderer tun wird!», so hat er in der Tat die Bedeutung seiner Aufgabe verstanden.

Um ein solches Maß an Aufopferung zu erreichen, darf ein Manager sich niemals erlauben zu denken, seine Karriere oder seine Position würden ihm selbst gehören. Denn andere Mitarbeiter sind von seiner Pflichterfüllung direkt betroffen, und er kann nie wissen, wann er der Firma einen solchen Dienst erweisen muß. Deshalb muß er sorgsam darauf achten, seine Gesundheit zu schonen, indem er nicht übermäßig ißt und trinkt. Auch sollte er nicht glauben, ein Stillstand in seiner Karriere würde schon ihr Ende bedeuten. Doch um so mehr muß er sich vor Zank und Streit mit seinen Kollegen hüten, denn sie können in der Tat dazu führen, daß entweder seine eigene Karriere ernsthaften Schaden nimmt oder er durch illoyales und pflichtvergessenes Verhalten die Karrieren anderer Mitarbeiter zerstört. Aus diesem Grund ist es für ihn äußerst wichtig,

sorgfältig zu überlegen, bevor er redet, denn unbe-
dachte Worte führen leicht zum Streit. Wenn der Streit
hitzig wird, besteht die Gefahr, daß man sich gegensei-
tig zutiefst beleidigt. Wenn aber ein Manager einen anderen kränkt, findet die Sache nur selten ein gutes Ende.
Falls ein Streit droht, sollte sich jede Führungskraft deshalb daran erinnern, daß ihr Leben nicht nur ihr, sondern auch ihrer Firma gehört, und ihren Zorn zügeln,
damit die Auseinandersetzung nicht eskaliert. Dies
gehört zu den Pflichten eines diskreten und loyalen Managers.

25 Strategisches Denken

Ein Manager wird mit zwei Arten von Pflichten konfrontiert: der Entwicklung von Strategien zur Erobe-
rung neuer Märkte einerseits und der Sicherung bereits
bestehender Märkte andererseits. Wenn sich das Unternehmen im Kampf befindet, muß er sich Tag und
Nacht im Büro und auf dem «Feld» aufhalten und lau-
fend neue Strategien entwickeln, ohne sich einen Augenblick Ruhe zu gönnen. Konstruktive Maßnahmen
zum Schutz des Unternehmens sind jedoch ebenfalls
notwendig; zur Errichtung strategischer «Schutzwälle
gegen das Eindringen des Feindes» ist es erforderlich,
daß die Angestellten aller Ränge unablässig und so
schnell wie möglich «Bollwerke, Gräben und befestigte
Außenposten» anlegen, mit deren Hilfe das Unternehmen geschützt werden soll. Solche Schutzwälle werden
benötigt, um es der Konkurrenz einerseits zu erschweren, spezielle Produkte oder Techniken zu kopieren,

anhererseits um zu verhindern, daß sie in die eigenen Heimatmärkte eindringt und Kunden abjagt.

In friedlichen Zeiten dagegen werden derartige Verpflichtungen häufig vernachlässigt, und folglich wird die damit verbundene Aufbauarbeit nicht gebührend berücksichtigt. Deshalb gewöhnen sich Manager bei ihren vielfältigen Aufgaben wie Arbeitsplanung, Revision, Controlling etc. schnell an festgelegte Abläufe. Es ist jedoch ein schwerwiegender Irrtum der Angehörigen einer Kriegerfamilie, diese alltäglichen Aufgaben als ihre eigentlichen Pflichten anzusehen und den Dienst im Feld für einen Traum aus der Vergangenheit zu halten. Denn wenn es sich plötzlich als nötig erweist, dem Vorstand bei der Sicherung von Märkten zu helfen und einen gewissen Prozentsatz ihrer Zeit für Sitzungen zu opfern, grollen diese Leute und beklagen sich darüber, als ob es sich um eine lästige Ablenkung handeln würde. Sie erkennen nicht, daß die Beteiligung sowohl an den Strategien zur Gewinnung neuer Kunden als auch an der Verteidigung bereits bestehender Märkte zu den selbstverständlichen Pflichten eines Managers gehört.

Es lassen sich darüber hinaus auch Manager finden, die sogar ihre alltäglichen Aufgaben in wirtschaftlichen Ruhezeiten als Mühsal betrachten und sich gern vertreten lassen, selbst wenn ihnen nichts fehlt. Ohne Rücksicht auf den Ärger, den sie anderen bereiten, bitten sie die Kollegen immer häufiger, ihre Stelle einzunehmen. Wenn sie auf Geschäftsreisen geschickt werden, ärgern sie sich über die Anstrengungen und Kosten der Fahrt und bemühen sich, auch dafür Stellvertreter zu finden. So bürden sie die Mühe und die Aufgaben, die eigentlich zu ihrem Arbeitsbereich gehören, ihren Kollegen auf, ohne sich im geringsten über die ihnen entgegengebrachte Verachtung zu schämen. Selbst wenn das Reiseziel ganz in der Nähe liegt, beklagen sie sich in aller Öffentlichkeit darüber, daß sie womöglich zweimal an einem Tag ihr Büro verlassen müssen, oder schimpfen über das schlechte Wetter. Leute, die ihre Pflicht mit einer derart schäbigen Einstellung ausüben und so tun, als ob sie samt und sonders eine Zumutung wäre, sind eine Schande für die Position des Managers.

Die Krieger des alten Japan, die in der Zeit des Bürgerkriegs lebten, waren ständig auf dem Feld. Unter dem Sommerhimmel wurden sie in ihrer Rüstung versengt; im Winter drang der eisige Wind durch ihre Ritzen; sie wurden vom Regen durchnäßt und vom Schnee eingehüllt; sie schliefen auf Heide und Hügeln mit ihren Armschienen als Kopfkissen und nahmen nichts als ungeschälten Reis und salzige Suppe zu sich. Ganz gleich, ob sie auf dem Schlachtfeld zu kämpfen oder eine Festung zu attackieren oder zu verteidigen hatten, hielten sie das nicht für eine besondere Härte oder Prüfung, sondern für einen Teil ihres gewöhnlichen Tagwerks. Wenn wir über ihren Einsatz nachdenken und ihn mit der heutigen Lebensweise vergleichen, sollten wir uns in der Tat glücklich preisen; in diesen friedlichen Zeiten der modernen Zivilisation schlafen wir im Sommer in klimatisierten Räumen, hüllen uns im Winter in warme Decken und können zu jeder Tageszeit essen, was wir mögen. Wir haben wirklich keinerlei Grund dazu, unsere wenigen alltäglichen Verpflichtungen als Last zu betrachten oder die Bedeutung strategischer Entwicklungen aus Bequemlichkeit zu ignorieren.

26 Rücksichtnahme

Es gehört zu den selbstverständlichen Pflichten des Managers, die Führung gegenüber der Konkurrenz zu gewinnen, Hindernisse für die Effizienz der Arbeit zu beseitigen und für die Zufriedenheit und Sicherheit aller Angestellten in seinem Unternehmen zu sorgen. Selbst der letzte, der diesen Titel trägt, darf sich deshalb niemals in irgendeiner Form gewalttätig oder ungerecht gegen die anderen Mitarbeiter verhalten. Das bedeutet auch, seine Anforderungen nicht über ein vernünftiges Maß hinaus zu steigern. Außerdem sollte er die Mitarbeiter nicht überfordern, indem er sie zu langen Überstunden zwingt, wenn sie nicht von sich aus dazu bereit sind, ihre Energie für die effektive Planung und effiziente Führung ihres Managers einzusetzen.

Er sollte keine Waren von Lieferanten bestellen und es dann versäumen, sie zu bezahlen, oder sie auf ihr Geld warten lassen. Er sollte stets rücksichtsvoll mit seiner Belegschaft umgehen, Verständnis für die Lieferanten haben und dafür sorgen, daß sie nicht durch die Schuld des Unternehmens ruiniert werden. Und auch wenn er die Schulden, die bei geschäftlichen Transaktionen entstanden sind, nicht sofort begleichen kann, sollte er ihnen auf jeden Fall von Zeit zu Zeit etwas überweisen, um ihnen Verluste und Notsituationen zu ersparen. Manager, die es als ihre Pflicht betrachten sollten, Räuber und Diebe zu bestrafen, dürfen sich auf keinen Fall selbst wie Gauner verhalten.

27 Umsichtiges Reisen

Auf Geschäftsreisen sollte ein Manager alle wichtigen Dokumente und die kleineren Toilettenartikel im Handgepäck tragen. Auf diese Weise kann er immer noch seine Mission erfüllen, auch wenn seine Koffer unterwegs verlorengehen. Denn es zeugt von mangelhafter Planung, beim Abflug alles korrekt einzuchecken und am Ziel mit nichts weiter anzukommen als den Kleidern auf dem Leib. Er sollte an seinem Gepäck ein Schildchen oder einen Anhänger mit seinem Namen und seiner Firma anbringen, damit es im Verlustfall schnell zurückgegeben werden kann. In diesen Dingen darf er sich nicht die kleinste Nachlässigkeit leisten. Ferner sollten Koffer und Taschen von guter Qualität sein, so daß es nicht respektlos gegenüber seinem Dienstherrn erscheint, wenn der Firmenname darauf zu lesen ist. Wenn er, wie heutzutage üblich, zusammen mit einem höheren Angestellten oder mit einem angesehenen Kollegen reist, sollte er selbst erst dann Platz nehmen, nachdem der Gast einen Sitz gewählt hat. Denn wenn er sich gleich auf den besten Platz stürzt und der andere sich gezwungen sieht, mit einem schlechteren vorliebzunehmen, bringt es den anderen vielleicht in Verlegenheit, ihn darum bitten zu müssen, die Plätze zu tauschen.

Wenn man größere Entfernungen zurückzulegen hat, ist es weise, ein Verkehrsmittel zu wählen, das der Umgebung und dem Wetter angemessen ist. Denn wenn man den Wagen nimmt, weil man die Kosten einer Bahnfahrt scheut und sich für einen guten Fahrer bei Schnee und Eis hält, aber schließlich trotzdem damit im

Schnee steckenbleibt, steht man dumm da. Und statt sich auf Taxis zu verlassen, ist es besser, einen Wagen zu mieten, um sicherzustellen, daß man pünktlich zu einem wichtigen Treffen erscheint (außer wenn man sich in einer Stadt aufhält, die für ihren guten Taxiservice bekannt ist). Dabei ist es immer zu empfehlen, etwas mehr für besonders zuvorkommende Behandlung auszugeben, denn ein Manager, der seine Zeit damit vergeudet, Schlange zu stehen und Formulare auszufüllen, hat seinen Auftrag verfehlt. Das Prinzip des kürzesten Weges sollte bei allem, was man unternimmt, beachtet werden.

Die optimale Nutzung der Zeit auf Reisen ist besonders wichtig, weil Manager oft große Strecken zurücklegen müssen und viel Zeit damit zubringen, auf den Abflug oder die Ankunft am Ziel zu warten. Erfahrene Manager machen das Beste aus der Wartezeit: Man kann sie beim Lesen von Zeitschriften, Büchern und Zeitungen oder sogar beim Arbeiten beobachten. Für den Fall, daß es zu unvorhergesehenen Wartezeiten kommt, trägt ein Manager am besten stets etwas Korrespondenz oder Lesestoff mit sich. Auf diese Weise kann er seine Aufgaben ohne Verzögerung erfüllen und unterwegs ebenso produktiv sein wie in seinem Büro in der Firma.

28 Sorgfältige Auswahl der Mitarbeiter

Wenn ein Samurai in der Zeit des Bürgerkriegs, als eine Schlacht nach der anderen geschlagen wurde, in tapferem Kampf gefallen oder nach dem Gefecht seinen Verletzungen erlegen war, so gab der Fürst oder Anführer in Anerkennung seiner Verdienste seine Position an seinen Sohn weiter. Die Zeiten haben sich inzwischen geändert, und eine solche feudale Gepflogenheit läßt sich in einer marktorientierten Gesellschaft selbstverständlich nicht länger aufrechterhalten. So angemessen eine Anpassung an unsere heutige Gesellschaft auch ist, birgt sie aber auch Nachteile. Denn damals bildeten die Familienehre und die gesellschaftliche Disziplin ein stabiles Fundament, das die richtige Nachfolge sicherte. Die Kriterien, die heute für eine Beförderung ausschlaggebend sind, wie Betriebszugehörigkeit, Erfahrung, Leistung, Beziehungen und Protektion, sind längst nicht so aussagekräftig und verläßlich wie Ehre und Disziplin.

Wenn deshalb eine höhere Führungskraft einen Nachwuchsmanager auf der Grundlage dieser Qualifikationen befördert, darf er sich glücklich schätzen, wenn er die richtige Entscheidung getroffen hat. Andernfalls sollte er sich beim Vorstand entschuldigen, seinen Fehler eingestehen und ihn korrigieren. Denn wenn ein Angestellter des höheren Managements seine Fehler verbirgt und verheimlicht, bringt er Schande über das Haus, dem er dient, und schadet der Ehre seines Vorstands. Eine solche Art von Führungskraft verletzt den Kodex, ignoriert den *Weg des Managers* und darf sich eigentlich gar nicht mehr als Manager betrachten. Wenn ein Manager dagegen seinen Irrtum eingesteht, dann werden Vertrauen und Loyalität gewahrt. Der Vorstand, der ja selbst Manager ist, kann dann für den Lernprozeß, den der Betroffene durchlaufen hat, Nachsicht und Verständnis zeigen.

Noch ehrenhafter würde sich der zu Unrecht beförderte Jungmanager verhalten, wenn er seine Versetzung oder Entlassung beantragen und sich aus seiner Stellung entfernen würde, nachdem er die Lage durchschaut hat. Sein Verhalten wäre deshalb sogar noch höher einzuschätzen, weil ein solcher Mann eine für Nachwuchskräfte seltene Einsicht und Bewußtheit beweisen und sich obendrein zum Wohl des Unternehmens opfern würde. Der Vorstand würde kurzsichtig handeln, wenn er einem solchen Mann erlaubte, die Reihen seiner Mitarbeiter zu verlassen und seinem Haus nicht länger zu dienen. Denn wenn es wirklich zum Kampf kommt, sollte der Vorstand sich am besten mit tapferen Leuten dieser Art umgeben.

Der richtige Zeitpunkt, die Eignung eines Kandidaten zu prüfen, ist der Moment, in dem die Beförderung erfolgen soll, und nicht erst danach. Zu peinlichen Situationen kann es zum Beispiel dann kommen, wenn ein Manager vor allem für seine Leistungen in seiner bisherigen Position befördert wird. Das ist kurzsichtig gedacht. Denn Beförderungen sollte man dann vornehmen, wenn der Kandidat Talent für die *neue* Aufgabe bewiesen hat und nicht für seinen alten Posten. Das sind zwei grundverschiedene Dinge! Aufgrund eines solchen Fehlers ist es schon zu vielen Verlusten gekommen. Es wäre sogar am besten, Kollegen und Mitarbeiter an der Entscheidung zu beteiligen, denn sie wissen meist besser als die höheren Führungskräfte, ob der Kandidat dem Kodex folgt oder nicht.

Es gehört zu den alltäglichen Frustrationen eines Vorstands, sich mit Managern abfinden zu müssen, deren

Leistungen nicht seinen Erwartungen entsprechen. Ein gutes Beispiel dafür ist der Vorstand, dem ein Vizepräsident zur Seite steht, der über keinerlei Führungsqualitäten verfügt. Wenn ich den Vorstand frage, warum er jenen Mann auf diesen wichtigen Posten befördert hat, bekomme ich zu hören, daß er früher ein guter Verkäufer war. Wie ein Schock kommt schließlich irgendwann die Erkenntnis, daß verkäuferische Leistungen wenig über die Fähigkeit zur Menschenführung aussagen.

29 Souveräne Menschenführung

Wenn jemand in leitender Position mit den Zuständen in seiner Abteilung unzufrieden ist, sollte er Abhilfe schaffen, indem er mit den Mitarbeitern, die ihm unterstehen, vernünftig spricht und ihre Zustimmung zu gewinnen sucht. Bei Lappalien ist ihm dringend zu raten, Nachsicht und Geduld zu zeigen und sich nicht unnötig aufzuregen. Wenn jedoch schon die Grundstruktur seiner Abteilung so viele Mängel aufweist, daß große Zweifel aufkommen, ob sie dem Unternehmen in Zukunft überhaupt noch von Nutzen wäre, sollte er vielleicht erwägen, die Abteilung ganz zu schließen und dem Vorstand eine Neuverteilung oder Kürzung der entsprechenden Mittel vorzuschlagen. Denn sollte er diese Abteilung trotzdem weiterführen und seine Mitarbeiter mit allen möglichen erniedrigenden Ausdrücken beschimpfen und antreiben, benimmt er sich wie ein unfähiger Boß alten Schlages aus dem Industriezeitalter. Ein solches Verhalten ist für einen Manager nicht nur unpassend, sondern stellt einen unverzeihlichen Fauxpas dar, der nur einem Feigling unterlaufen kann.

Ein Angestellter, der das nötige Potential hat, etwas Bedeutendes für seine Firma zu leisten, und der über solides Wissen auf seinem Fachgebiet verfügt, würde es nicht dulden, sich von irgendeinem Menschen – und schon gar nicht von einem unfähigen Vorgesetzten – auf diese Weise behandeln und bedrohen zu lassen. Ein sicheres Indiz für die Unfähigkeit eines Managers ist daher die hohe Fluktuation der Mitarbeiter in seiner Abteilung. Selbst wenn er noch so viele Entschuldigungen für diesen Zustand vorbringen mag, ist seine Person dennoch suspekt. Sollten sich die Angestellten jedoch nur mühsam zu einer Veränderung durchringen können, harren sie vielleicht trotz der schlechten Behandlung auf ihrem Posten aus, so daß die Fluktuation in der betreffenden Abteilung möglicherweise zu keinerlei Besorgnis Anlaß gibt. In diesem Fall nutzt der unfähige Manager die mangelnde Entschlußkraft seiner Angestellten aus, was einem wirklich mutigen Manager nie in den Sinn kommen würde. Wer aber bewußt tut, was tapfere Leute verabscheuen und vermeiden, wird zu Recht als Feigling bezeichnet.

30 Flexibilität im Alltag

Wer in leitender Position steht, sollte den Bürobereich seiner Abteilung so attraktiv und angenehm einrichten, wie es die Mittel erlauben. Wenn Kunden, Lieferanten und Freunde des Unternehmens zu Besuch kommen und bemerken, daß die Ausstattung in der Abteilung dieses Managers Qualität und Stil hat, wird dies für das Ansehen des Vorstands und des verantwortlichen Managers von Vorteil sein. Natürlich ist es auch für die Angestellten, die immerhin einen bedeutenden Teil ihres Lebens in diesen Räumen verbringen müssen, überaus erfreulich, in einer Umgebung zu arbeiten, die ihnen gefällt und sie motiviert.

Dabei ist es wichtig, daß die erworbene Einrichtung nicht allzu extravagant ist und sich wiederverwenden läßt, denn in unsicheren Zeiten wie diesen darf selbst der Vorstand die Möglichkeit einer «Belagerung», sprich einer Übernahme durch den Konkurrenten, nicht außer acht lassen. Deshalb sollten die Firmenräume mit möglichst geringem Risiko gepachtet werden, so daß die Möglichkeit besteht, sie weiterzuvermieten, wenn die Kosten reduziert werden müssen. Wie die alten Samurai müssen die Manager bereit sein, von einem Moment auf den anderen weiterzuziehen und in einer Notsituation ihre Abteilung anzuzünden und hinter sich zu lassen. Eine möglichst leichte, nicht allzu feste Architektur ist ein entscheidender Faktor, wenn es darum geht, rasch auf eine feindliche Attacke zu reagieren. Ein Manager, der dies alles erkannt hat und dem *Weg des Kriegers* treu bleiben will, wird selbst in gegenwärtigen friedlichen Zeiten nicht den Fehler machen, seine Abteilung für eine permanente Einrichtung zu halten und zu viel Zeit und Mühe auf aufwendige Dekoration zu verschwenden.

Es gibt aber noch einen weiteren Grund dafür, daß man in der Lage sein sollte, seine Abteilung schnell umzustrukturieren: Weil man nämlich auf jede Neuorganisation seiner Firma prompt reagieren können muß, um in angemessener Weise eine günstige Gelegenheit zu nutzen oder einer Gefahr zu begegnen. Denn so wie der Markt sich wandelt, ändern sich auch die Aufgaben einer Abteilung. Neue Abteilungen werden entstehen, und bestehende Abteilungen werden umgestaltet oder aufgelöst. Das bringt der Wandel der Märkte zwangsläufig mit sich. Einem Manager, der für Beständigkeit eintritt oder zuläßt, daß seine Angestellten in der Weise denken, fehlt es offensichtlich an gesundem Menschenverstand.

31 Richtig investieren

Jeder Manager sollte über einen ausreichenden Vorrat an «Waffen» verfügen, der seinen Zwecken dienlich ist. Um Schlachten für sich gewinnen zu können, muß jede Abteilung über geeignete Werkzeuge und Fachleute verfügen sowie Zugang zu den wichtigen Informationen haben. Denn wenn diese Dinge in Eile improvisiert werden müssen, wird das als klares Zeichen von Nachlässigkeit gelten und Verachtung auf sich ziehen. Mitarbeiter, die versäumt haben, sich darum zu kümmern, werden erfahrungsgemäß von ihren eigenen Leuten angegriffen und haben Rückschläge in ihrer Karriere hinzunehmen. Deshalb darf es nicht an der Vorsorge für die Ausrüstung fehlen. Manager, die eifrig im Betrieb Poster und Aufrufe zu besserem Service und Teamwork aufhängen lassen, es dann aber versäumen, in die Technik, die Ausbildung und sinnvolle Maßnahmen zu investieren, durch die diese Ideale erst Wirklichkeit werden, arbeiten äußerst oberflächlich. Bei ihren Angestellten

und Kollegen gelten sie als schwächlich und schwung-
los, wenn sie sich selbst auch für noch so großartig halten.

Es mutet fast wie bittere Ironie an, daß sie ihre Abteilung nur so lange führen, bis sie von ihren eigenen Truppen abgesetzt werden. Aus Furcht vor einem
schlechten Ruf in der Öffentlichkeit sollte ein Manager
sich und seine Abteilung daher angemessen ausrüsten.

32 Sich bewähren von Anfang an

Wenn ein Nachwuchsmanager das Ziel hat, sich als der
Beste zu bewähren, sollte man ihm raten, seine Energie
nur in solche Bereiche zu investieren, die er beeinflussen kann, und sich nicht an zu große Projekte heranzu-
wagen. Mag er noch so jung und flexibel sein, wenn er
sich gegen eine Unternehmenspolitik wendet, die seinen Wünschen nicht entspricht, wird er irgendwann
vom Gewicht der ganzen Firma erdrückt werden. So
nimmt er möglicherweise zu viele neue Projekte in Angriff, die zwar durchführbar erscheinen, solange er jung
und energisch ist, ihm aber bei zunehmendem Alter zur
Last werden können. Selbst ein junger Mann kann wegen Überarbeitung und Erschöpfung zugrunde gehen,
und dann sind selbst die leichtesten Aufgaben für ihn
eine schwere Bürde und ein Hindernis. Wenn ein junger Mann erst einmal für die Größe seiner Projekte und
Maßstäbe bekannt geworden ist, wird es ihm schwerfal-
len, sie aufzugeben, auch wenn er sie im Lauf der Zeit
immer weniger bewältigen kann.

Deshalb ist es für einen jungen Manager besser, sich

dort einzusetzen, wo er tatsächlich etwas verändern kann und Unterstützung von höhergestellten Förderern und Mentoren erhält. Wenn sein Einfluß durch kleinere Erfolge wächst, dann kann er auch größere Veränderungen in Angriff nehmen, da mehr Leute auf ihn hören und seine neuen Ideen unterstützen werden. Denn wenn der Nachwuchsmanager nicht die Mehrheit der Stimmen hinter sich hat und sich nicht in den Vorstand wählen lassen kann, wird er allmählich seinen Elan verlieren, in seinen Kollegen Unwillen hervorrufen und letzten Endes nichts bewirken. Manchmal ist es für einen jungen Mann besser, den Arbeitsplatz zu wechseln, als frustriert und enttäuscht an dem Platz auszuharren, wo man ihn nicht versteht und seine Ideen nicht akzeptiert.

33 Verhandlungsgeschick

Wenn ein Manager seinen Vorstand zu Verhandlungen begleitet, sollte er die Bedingungen, die der Konferenzraum bietet, mit größter Sorgfalt überprüfen. Dazu gehört die Kontrolle der Sitzordnung, der Ton- und Bildtechnik, der Raumtemperatur sowie auch der Nahrung und Getränke, damit der Vorstand nicht durch kompromittierende Kleinigkeiten unangenehm überrascht wird. Da sich nicht alle Manager an den Kodex halten, sollte er auf ungewöhnliche Aufnahmegeräte oder andere Spionagevorrichtungen achten. Denn das könnte die eigene Position in den Verhandlungen schwächen. Er sollte auch sicher sein, daß dem Vorstand alle Informationen und Daten, die er für eine erfolgreichc Verhandlungsführung braucht, zur Verfügung stehen. Denn es ist die Pflicht eines Managers, zu jeder Zeit wachsam und aufmerksam zu sein und sich zu überlegen, wie er in der Stellung, in die er berufen wurde, jeden nur möglichen Dienst leisten kann.

34 Loyalität gegenüber dem Vorstand

Wenn im Verlauf einer Geschäftsreise ein Mitarbeiter, ein Kunde oder ein Lieferant einen Streit anfängt und seine Kollegen in den Disput eingreifen, hängt es von der geschickten Handhabung der Angelegenheit ab, ob der Vorstand in die Auseinandersetzung verwickelt wird oder nicht. Wenn er hineingezogen wird, könnte es schwierig sein, die Situation zu klären. Man sollte bedenken, daß Konflikte im allgemeinen von unten her entstehen, und deshalb sehr sorgsam nicht nur auf sich selbst, sondern auch auf seine Kollegen achten. Außerdem sollte man allen Mitarbeitern bis zum untersten Rang empfehlen, dafür zu sorgen, daß möglichst nichts Unvernünftiges geschieht, das einen Streit hervorrufen könnte.

Wenn man seinen Vorstand zu einer Konferenz begleitet und die Teilnehmer mit ihren Verhandlungen beginnen, sollte man ihnen von Anfang an mit größter Aufmerksamkeit lauschen, um seinem Vorstand zur Seite zu stehen, ihn zu beraten und zu beobachten, wie sich die Dinge entwickeln. Wenn es unmöglich sein sollte, das Gespräch friedlich zu führen, und alle nur darauf warten, sich am Streit zu beteiligen, sollte man seinen Vorstand unverzüglich aus dem Raum geleiten, denn eine solche emotional aufgeheizte Situation kann dazu führen, daß der Vorstand eine schlechte Presse bekommt. Gleichzeitig sollte man darauf vorbereitet sein, sich selbst zu verteidigen und in der Schlacht seinen Mann zu stehen.

Wenn ein Manager seinen Vorstand zu einem gesellschaftlichen Ereignis begleitet und dort während seiner Anwesenheit etwas Unangenehmes geschieht, ja wenn es offensichtlich zu ernsthaften Schwierigkeiten kommt, sollte er mit folgenden Worten einschreiten: «Ich heiße Soundso und bin Manager von Herrn Soundso. Da die Situation zu eskalieren scheint, fühle ich mich beunruhigt und bin hierhergekommen, um nachzuschauen, ob es Schwierigkeiten gibt.» Darauf werden die Anwesenden vielleicht antworten: «Wir glauben nicht, daß irgendeine Gefahr besteht, obwohl wir Ihre Besorgnis verstehen können. Aber da Ihr Vorstand nicht bedroht ist, bitten wir Sie, sich zu beruhigen.» Wenn das zutrifft, wird jeder über diese Antwort erfreut sein.

Dann sollte der Begleiter Blickkontakt zu seinem Vorstand suchen, und wenn sein Blick ihm signalisiert, daß alles in Ordnung ist, kann er sich sofort zurückziehen.

IV

*Erziehung und
Bildung*

35 Verantwortungsvolle Nachwuchsförderung

Da Manager Repräsentanten ihres Unternehmens sind und die Aufgabe haben, ihr Haus so gut wie möglich zu führen, sind sie dazu verpflichtet, sich eine solide Bildung und ein fundiertes Wissen anzueignen. In der Ära der industriellen Revolution zogen die jungen Managerkrieger in die Schlacht, um Menschen und Maschinen zu effektiver Produktion zu führen. Sie hatten weder Zeit noch Sinn dafür, ihr Wissen und ihre Weisheit zu mehren. Ob es nun ihr eigenes Versäumnis war oder der Fehler eher in ihrer Ausbildung lag, ist nicht genau festzustellen, auf jeden Fall lag dieser Bereich völlig brach. Ihre ganze Karriere war ausschließlich dem Weg des Industriekriegers gewidmet.

Inzwischen haben sich die Zeiten geändert. Obwohl Manager immer noch größten Wert auf effektive Produktion legen sollten, reicht das nicht länger aus, um das Unternehmen im Kampf auf die optimale Weise zu führen. Während seiner Ausbildung sollte der Nachwuchsmanager deshalb von erfahrenen Führungskräften in die klassischen Texte über Strategie, Menschenführung und Leistungsfähigkeit eingeführt werden. Man sollte ihn auch Demut lehren, damit er sich jederzeit dessen bewußt ist, daß er es mit Menschen und nicht mit Maschinen zu tun hat. Ferner sollte man ihm Gelegenheit geben, Übungen zur Strategie, zu organisatorischen Veränderungen und zur Leistungssteigerung zu praktizieren, bei denen er durchaus Fehler machen darf.

Diese Art von Training ist notwendig, denn das Lernen aus Fehlern fördert die Bescheidenheit und setzt der

Überheblichkeit Grenzen. So erhält man Gelegenheit, sich auf den endgültigen Tod seines Egos und seines Stolzes vorzubereiten. Auf diese Weise sollte ein Manager beizeiten seine Nachfolger heranbilden. Es gibt heute keine Ausrede für seine mangelnde Bildung mehr, wie man sie damals für die Kämpfer in den Tagen der industriellen Revolution noch gelten lassen konnte. Die eigenen Nachfolger darf man jedoch wegen ihres Mangels an Bildung nicht tadeln. Denn dies ist ausschließlich die Schuld ihrer nachlässigen und unfähigen Manager, die nicht wissen, wie man Nachfolger in den Führungspositionen heranzieht.

36 Umfassende Kompetenz

Jeder Manager – der soeben eingestellte Mitarbeiter ebenso wie der Veteran – sollte sich in der Geschichte seiner Firma gut auskennen. Dazu gehört ein umfassendes Wissen über ihre Anfänge, ihre früheren Leistungen, ihre Geschäftsverbindungen sowie die Taten derjenigen Mitarbeiter, die sich besonders ausgezeichnet haben. Denn wenn sich jemand im Gespräch mit Außenstehenden in diesem Punkt als unwissend erweist, wird man ihn für inkompetent halten, auch wenn er in allen anderen Punkten als guter Manager gilt.

37 Lebenslanges Lernen

Im alten Japan war es üblich, daß führende Krieger für eine gewisse Zeit in ein Zen-Kloster gingen, denn zwischen Krieger und Mönch bestehen in der Tat viele Gemeinsamkeiten. So lassen sich Parallelen zwischen der Kloster- und der Managementhierarchie feststellen: Es gibt unter den Zen-Mönchen solche, die denselben Rang einnehmen wie gewöhnliche Angestellte ohne leitende Funktion. Die höheren Ränge der Mönche entsprechen mehr oder weniger dem mittleren Management. Diesen übergeordnet sind jene Mönche, die Ehrenroben tragen und wie höhere Führungskräfte in der Wirtschaft über Autorität verfügen.

Auf dem Gebiet der Bildung scheinen diese Mönche den gewöhnlichen Managern aber weit voraus zu sein. Ein Grund dafür ist darin zu suchen, daß sie irgendwann ihre Meister verlassen und im ganzen Land von Kloster zu Kloster wandern, um zu lernen. Auf ihrer Wanderschaft treffen sie mit vielen Gelehrten von Rang und Namen zusammen und sammeln Verdienste in der Übung der Versenkung und der Tugend. Wenn sie später in ihrem Orden aufsteigen und zu Äbten von großen Tempeln und Klöstern ernannt werden, finden sie überhaupt nichts Ungewöhnliches dabei, ihre Studien und Forschungen fortzusetzen, um sich ihrer Beförderung als würdig zu erweisen.

Wenn nur die Manager der höheren Ränge auch so bescheiden wären und ihr Wissen ständig in Frage stellen würden! Aber viele von ihnen fürchten sich davor, als Ignoranten angesehen zu werden. Diese Befürchtungen sind der Grund, warum sie mit allen Mitteln die Illusion zu verteidigen suchen, allwissend zu sein, auf alles eine Antwort zu haben und immer als der Bessere dazustehen. Sie halten sich selber für gewandt genug, um diese Farce ständig weiterzuspielen. Sie vermeiden es, sich zu fragen, ob ihnen dieses Täuschungsmanöver glückt, aus Angst vor der Erkenntnis, daß man ihr Spiel durchschauen könnte. Bei vielen ist das schon längst geschehen.

Es wäre ein Bereicherung für das Management, wenn man unter den Führungskräften aller Ränge mehr mönchischen Lerneifer finden würde, besonders bei denjenigen, die zwar über ein gutes Einkommen verfügen und ein angenehmes Leben führen können, deren einzige Beschäftigung aber darin zu bestehen scheint, ihren Stuhl warmzuhalten und ihren Anzug auszufüllen. Unter diesen Männern gibt es manche Führungskräfte, die sich niemals mit Management, geschweige denn Marktstrategien befaßt haben; Monate und Jahre verbringen sie müßig, bis ihre Bärte weiß und ihre Köpfe kahl werden. Weil sie sich dann einbilden, sie besäßen Altersweisheit, nehmen sie manchmal einen neuen Posten an, bei dem es erst recht darauf ankommt, als Führungskraft zu handeln. Sie erweisen sich jedoch als so inkompetent bei der Erfüllung ihrer Aufgaben, daß sie dazu die Hilfe eines Kollegen oder Untergebenen benötigen. Wenn solche Leute in eine andere Abteilung versetzt werden, bringen sie die Vorbereitungen für den Wechsel schon so aus der Fassung, daß sie kaum ihre Pflichten ausführen können, wenn sie ihren neuen Posten angetreten haben. Sie müssen sich auf die Anweisungen von älteren Mitarbeitern stützen und einschlägige Fachliteratur ausleihen. Derartige Mängel stehen nicht im Einklang mit dem *Weg des Managers*.

Denn die Pflichten eines Managers sind überall ähnlich, und so oft er Zeit hat, sollte er sich gründlich damit befassen. Wenn er mit fähigen und erfahrenen Persönlichkeiten zusammentrifft, sollte er mit seinem Geschwätz aufhören und von ihnen etwas über die Angelegenheiten lernen, in denen er voraussichtlich Rat benötigen wird. Er sollte sich mit allen Fakten vertraut machen und einschlägige Bücher und Pläne sammeln oder kopieren, damit er über seine Aufgaben in allen Punkten gut Bescheid weiß. Mit einem solchen umfassenden Wissen fällt es ihm jederzeit leicht auszuführen, was immer man ihm befiehlt. Wenn man bei der Erfüllung seiner Pflichten von der Hilfe anderer abhängig ist, so mag das bei den alltäglichen Geschäften in Ordnung sein, aber wenn einmal ein ungewöhnliches Ereignis eintritt, ist man vielleicht nicht in der Lage, Hilfe zu bekommen. Ganz gleich, ob die Sache dann zu einem guten oder einem bösen Ende führt, ist man plötzlich auf sich allein gestellt, um das Problem zu lösen.

Als Spitzenmanager sollte man auch genauestens über die Konkurrenz informiert sein, über ihre Stärken und Schwächen, die beste Position des eigenen Unternehmens auf dem Markt und die Aussichten auf den Sieg. Seit alters her gilt diese Aufgabe als schwierig. Wenn ein Manager hier falsch kalkuliert, wird ihm das schließlich nur Schande bringen, denn er beaufsichtigt die Truppen und ist verantwortlich für das Leben und die Familien aller Mitarbeiter.

Es ist äußerst tadelnswert, daß es Leute gibt, die diese hohen Ränge durch prahlerisches Gehabe entehren, ohne über die entsprechenden Kenntnisse und Fähigkeiten zu verfügen. Man könnte sie mit einem Zen-Mönch vergleichen, der seine Studien vernachlässigt, aber dank seines kahlgeschorenen Kopfes befördert wird, und der die Ehrengewänder des höchsten Ranges tragen und für seine Brüder eine Autorität darstellen würde. Ein unwürdiger Mönch dieser Art würde sich vor der ganzen Gemeinschaft lächerlich machen. Er würde sich vor aller Öffentlichkeit blamieren und müßte irgendwann abdanken, damit dem Orden kein Schaden erwächst. Ganz anders ist das heutzutage bei Managern, die auf hohe Posten befördert werden, obwohl ihnen die Führungskompetenz fehlt, was sie durch Opportunismus und Status quo zu verbergen suchen. Sie «gefährden das Leben» all derer, die ihrer Aufsicht unterstellt sind, und können dem Unternehmen große Verluste verursachen. Obwohl ihre Mitarbeiter sie nur zu genau durchschauen, sind sie selbst in ihrer Ignoranz ahnungslos. Statt dessen halten sie sich sogar für große Führungspersönlichkeiten, ohne den Schaden zu erkennen, den sie den von ihnen geführten Leuten zufügen. Die Schuld für irgendwelche Mängel schieben sie stets auf andere oder die ungünstigen Umstände. Einige unter diesen unfähigen Managern sterben durch die unsichtbaren Hände derer, die unter ihrer Inkompetenz leiden. Andere werden von einem wachsamen Aufsichtsrat aus dem Unternehmen entfernt. Andere wiederum werden niemals zur Rechenschaft gezogen.

Aus dem Grund ist es wichtig, daß sich Manager die Mönche zum Vorbild nehmen und sich eifrig ihren Studien widmen, wann immer sie Zeit dafür finden. Sie sollten ein umfassendes und gründliches Wissen aller Management-Techniken erwerben, denn für einen Mann in hoher Führungsposition sind sowohl Studium als auch Praxis unabdinglich. Dabei sollte ihr Fleiß nie erlahmen.

38 Meisterschaft auf seinem Gebiet

Um die Methoden des Managements von der Pike auf zu erlernen, sollten sich vor allem jüngere Manager bereits früh einen geeigneten Lehrer oder Mentor suchen. Nur so können sie sicher sein, daß sie alles erfahren, was man in diesem Bereich wissen muß. Einige mögen vielleicht einwenden, daß dies für einen Manager mit einem unbedeutenden Aufgabenbereich nicht nötig sei, aber ich halte dies für einen unangemessenen Standpunkt. Zu allen Zeiten gab es Topmanager, die aus ganz bescheidener Position aufgestiegen sind, um sich einen Namen als große Führungspersönlichkeiten zu machen und an die Spitze großer Unternehmen und Länder zu gelangen. Und selbst heutzutage halte ich es nicht für unmöglich, daß ein Manager auf einem unbedeutenden Posten irgendwann Chef einer großen Abteilung wird. Außerdem führt das Studium der Managementmethoden dazu, daß die von Natur aus Intelligenten noch intelligenter werden und die Ignoranz derer, die von Natur aus weniger begabt sind, größerem Verständnis weicht. Deshalb sollten sich alle Manager unbedingt darum bemühen, einen Mentor oder Lehrer für das Studium des Managements zu finden.

Mißbrauch wird mit diesen Studien jedoch dann getrieben, wenn sie dazu führen, daß sich das Ego aufbläht und die Kollegen respektlos behandelt werden, indem man sie mit einem Schwall hochtrabender, aber unzutreffender Argumente überschüttet und verstummen läßt. Solche Argumente führen junge Leute nur in die Irre und verderben ihren Geist. Denn ein Manager dieser Art hält allzugern einen wortreichen Vortrag, in dem er zwar scheinbar korrekte und passende Argumente vorbringt, aber in Wirklichkeit nur nach Effekten hascht und an seinen eigenen Vorteil denkt. Sein Charakter wird an Festigkeit verlieren, und er wird nicht mehr vom wahren Managergeist angetrieben werden; er wird sich zwar dessen nicht bewußt sein, aber seine Mitarbeiter werden ihn irgendwann als Schwindler durchschauen. Ein solches Fehlverhalten hat seine Ursache darin, daß man das Thema nur oberflächlich studiert hat. Wer mit diesem Studium beginnt, sollte sich niemals mit Halbheiten begnügen, sondern beharrlich weiterlernen, bis er alle Geheimnisse begriffen hat. Erst dann sollten Führungskräfte wieder an die Front zurückkehren, um ihr Wissen praktisch anzuwenden. Denn es kommt vor, daß manche Leute zwar lange Zeit mit diesem Studium zubringen, es aber nur zur Hälfte absolvieren, weil sie unfähig sind, es zu meistern; als Folge davon können sie vielleicht nicht einmal ihre frühere Leistungsfähigkeit wieder erreichen, sondern verfallen in einen unglückseligen Zustand der Verwirrung. Doch selbst dann sollten sie sich nicht mit modischen Begriffen aus den neuesten Management-Theorien wichtig machen. In einem alten Spruch heißt es, daß Sojasoße, die nach Sojasoße stinkt, nichts taugt, und das gilt auch für die Pedanten des Managements.

Jeden Monat rollen neue Modewellen der Management-Theorie über die Regale der Buchhandlungen, unter deren Ansturm selbst Manager mit den besten Absichten ertrinken können. Die Beherrschung einer speziellen Theorie, insbesondere einer Methode, die tatsächlich beim finanziellen Endergebnis zu positiven

Resultaten führen könnte, ist keine einfache Aufgabe. Obwohl die meisten betrieblichen Reformen scheitern, hüllen sich Manager und Berater seltsamerweise in Schweigen über Ursachen und Konsequenzen. Industriestatistiken verzeichnen Mißerfolgsquoten beim Management von bis zu 73 Prozent; bei der Restrukturierung scheitern über 65 Prozent, und nur geringe bis mäßige Erfolge melden die Sanierungs- und Umsetzungsteams, von denen allein 17 Prozent zufriedenstellend arbeiten. Selbst das «Reengeneering» – die permanente Neukonzeption des Planungsprozesses – ist unter Beschuß geraten. Ein Manager begibt sich heutzutage auf gefährliches Terrain, wenn er sich zum Experten erklärt. Zu lernen, wie man wirklich erfolgreich arbeitet, ist ein schmerzhaftes und riskantes Vorhaben, das allein große Führungspersönlichkeiten durchhalten können – und auch das gewöhnlich nur mit Hilfe eines guten Mentors.

39 Effiziente Nutzung von Informationen

Im alten Japan betrachteten alle Samurai, ganz gleich, von welchem Rang sie waren, Bogenschießen und Reiten als die wichtigsten Kriegskünste. Später kam noch die Schwertkunst dazu. Ebenso wie die Samurai sich in diesen Fertigkeiten übten, müssen die Manager unserer Zeit im Gebrauch der Waffen des 21. Jahrhunderts ausgebildet werden. Die mächtigsten Waffen unserer Zeit basieren auf der Informationstechnik – in Form von Maschinen, die Daten sammeln, tragen und verarbeiten. Informationstechnik, die Beherrschung dieser

Waffen, ist von entscheidender Bedeutung beim Kampf um Kunden und Märkte.

Es gibt viele Methoden, Informationstechnik zu lehren, genauso wie es früher viele Methoden gab, um die Reitkunst zu unterrichten. Eine dieser Methoden besteht darin zu lernen, wie man technische Vorrichtungen zur Verarbeitung von Informationen in die Produkte der Firma einbaut. Der Einbau solcher Teile führt zu einer deutlichen Erhöhung ihres Werts für die Kunden und fügt dem Gegner einen schweren Schlag zu. Solche Einrichtungen findet man schon in vielen neuen Produkten, von Waschmaschinen, Toiletten und Herden bis zu Werkzeugmaschinen, Autos und Telefonen. Technische Verbesserungen dieser Art machen es möglich, das betreffende Produkt effektiver zu nutzen; sie steigern so die Rentabilität des Gerätes oder die Lebensqualität.

Eine weitere Methode besteht darin zu lernen, wie man durch Informationskanäle in sinnvoller Weise eine direkte Verbindung des Kunden mit der Firma herstellen und den Service verbessern kann. Wenn man den Kunden einen direkten und bequemen Zugang zu den Dienstleistungen des Unternehmens ermöglicht, kann man seine Verteidigung auf dem Markt stärken und manchen feindlichen Angriff verhindern. Selbst hinter den sichersten Mauern kann ein Manager heute nicht mehr ruhig schlafen, da der Gegner ständig neue Methoden des Eindringens ersinnt. Wenn man durch solche Informationskanäle besser auf Kundenwünsche eingehen will, muß man äußerst wachsam sein. Doch wenn man diese Kunst gut beherrscht, kann man den Gegner fernhalten oder seinen Angriffen ihre Stärke nehmen.

Es ist ebenfalls wichtig, sich mit dem Gebrauch von Computern und anderen Kommunikationsmitteln innerhalb der Firma zu befassen, um damit Produktionsabläufe und -funktionen und ihre Verbindungsmechanismen zu verbessern. Für das Unternehmen führt das zu einer deutlichen Steigerung seiner Produktions- und Absatzmöglichkeiten. In den Zeiten der Samurai ermöglichten die gut funktionierende Kommunikation zwischen weit entfernten Außenposten und die ständige Verbindung zum Hauptquartier des Fürsten, sich wirkungsvoll zu unterstützen und auf Bedrohungen des Reichs schlagkräftig zu antworten. Manager sollten lernen, wie man eine moderne Version solcher Kommunikationssysteme einrichtet. Alle Ränge von Angestellten sind in der Schlacht von Wert, und deshalb sollten alle Posten Zugang zu den relevanten Informationen haben, die sie brauchen, um tapfer kämpfen zu können.

Schließlich sollten jüngere und ältere Manager in der optimalen Anwendung von Informationstechniken ausgebildet werden, und zwar nicht nur zu strategischen, sondern auch zu persönlichen Zwecken. Sie müssen ständig etwas über die verfügbaren Geräte und Instrumente dazulernen, denn diese entwickeln sich schnell weiter, und auch die Gegner versuchen diese neuen Waffen so schnell wie möglich zu nutzen. Wer diese Art von Weiterbildung ablehnt, lebt gefährlich, genauso wie jene Samurai, die nicht gut reiten, Pfeile nicht gerade abschießen oder mit dem Speer nicht zielsicher treffen konnten, in der Schlacht versagten. Sie verloren häufig nicht nur ihr Leben, sondern verursachten obendrein noch hohe Verluste für ihre Truppe. Und der Grund für ein derartiges Versagen war allein ihr Versäumnis, sich die zum Siegen nötigen Fertigkeiten anzueignen. Selbst wenn sie vielleicht von tüchtigeren Kameraden beschützt wurden, waren sie unfähig zu kämpfen, wenn die Zeit kam, und sie auf sich allein gestellt waren. Manager, die wie diese Samurai handeln, werden schnell zur Last und reagieren nicht selten darauf, indem sie sich mit den Erinnerungen an vergangene Größe verteidigen, als sie Techniken beherrschten, die in den modernen Kämpfen nicht länger von Nutzen sind.

40 Geschickte Planung und Umsetzung von Strategien

Für den *Weg des Managers* gibt es zwei grundlegende Bereiche des Wissens: das *organisatorische* und das *strategische*. Das *organisatorische* Wissen ist in die beiden Bereiche «Management» und «Personal» unterteilt, das *strategische* Wissen dagegen in die Bereiche «Planung» und «Umsetzung».

Was den Management-Bereich des *organisatorischen Wissens* angeht, so müssen alle Manager den ihrem Rang entsprechenden Führungs- und Umgangsstil wahren. Dazu gehört auch die Art und Weise, wie sie sich vor den Angestellten präsentieren. Die alten Samurai pflegten ein heißes Bad zu nehmen, sich ordentlich zu frisieren, wobei sie die Stirnpartie glattrasierten, und stets die zur Gelegenheit passende offizielle Kleidung zu tragen, zu der auch zwei Schwerter sowie ein Fächer im Gürtel gehörten. Der moderne Manager sollte sich ebenfalls passend kleiden, sei es nun zwanglos oder formal. Wenn er einen Gast empfängt, ist er gut beraten, ihn gemäß der Etikette zu behandeln, die seinem Rang zukommt, und sich vor leerem Geschwätz zu hüten. Auch beim Essen oder Trinken sollte er sich korrekt verhalten, ohne Schlampigkeit und ohne Mangel an Aufmerksamkeit, und in allem eine positive Haltung zeigen. Selbst in seiner Freizeit sollte er nicht untätig herumhängen, sondern lesen, sich weiterbilden und seinen Geist an den alten Geschichten und Lehren aus anderen Kriegerfamilien erbauen. Kurzum, er sollte sich jederzeit so benehmen, wie es sich für einen Manager gehört.

Nun wollen wir uns dem Bereich «Personal» zuwenden: Hier betrifft die Tätigkeit des Managers das Rekrutieren, Trainieren und Ausbilden von Leuten, die zum Erreichen von bestimmten Resultaten erforderlich sind. So wie früher Fechten, der Umgang mit dem Speer, Reiten und Bogenschießen wichtige Künste waren, braucht der Manager von heute Fähigkeiten und Kenntnisse in Kommunikation, Problemlösung, Teamwork, Organisation von Treffen, Selbstdisziplin, kontinuierlicher Weiterbildung und was sonst noch zur technischen Beherrschung seiner Aufgaben gehört. Diese Fähigkeiten muß er sich mit Begeisterung aneignen und praktizieren, so daß er alle Mitarbeiter zu Disziplin und Entschlossenheit anhalten kann. Wenn er die beiden Bereiche des Managements und der Personalführung gut beherrscht, kann er zu Recht von sich behaupten, über ein umfassendes *organisatorisches* Wissen zu verfügen. Die meisten Leute würden dies zumindest für ausreichend halten, um die Aktionäre und den Aufsichtsrat zufriedenzustellen.

Aber ein Manager ist auch zuständig für *strategische* Fragen. Wenn das Unternehmen sich in einem chaotischen Zustand befindet oder unter Wettbewerbsdruck steht, muß der Manager im Dienst des Vorstands dafür sorgen, daß Rüstungen und Waffen in ausreichender Zahl bereitstehen, um auf das Marktgebiet des Gegners vorrücken zu können. Zur Strategie gehören auch die verschiedenen Methoden, mit denen der Ablauf einer solchen Kampagne geplant wird. Das ist ein Bereich, in dem sich ein Manager ausgezeichnet auskennen sollte. Beim Prinzip der Umsetzung geht es darum, wie man das Personal optimal im Kampf einsetzt, indem man beispielsweise die Firmenstruktur, ihre Waffen und ihre Produkte entsprechend verändert. Wenn die Dinge schließlich nach Plan verlaufen, führt das zum Sieg; wenn nicht, erleidet man eine Niederlage. Ein Manager sollte mit den Geheimnissen dieses Wissensgebietes bestens vertraut sein.

Es ist das Kennzeichen eines erstklassigen Managers, daß er in allen vier Sparten dieser beiden Wissensgebiete bewandert ist. Wenn man nur über Erfahrungen in den beiden Bereichen des organisatorischen Wissen verfügt, so mag das für die Aufgaben des durchschnittlichen Managers ausreichen. Wer sich aber nicht auf strategischem Gebiet auskennt, wird niemals einen führenden Rang erreichen. Alle Manager sollten sich deshalb darüber im klaren sein, daß sie ohne ein gründliches Studium des strategischen Wissens nicht an die Spitze von Unternehmen gelangen können.

41 Pflege von Literatur, Kunst und Sport

Auch wenn man auf dem *Weg des Managers* an erster Stelle auf Stärke und Effizienz bedacht sein muß, bleibt man doch nur ein unbedeutender Manager, wenn man diese beiden Eigenschaften allzu einseitig entwickelt. Um dies zu vermeiden, sollte ein Manager unbedingt belesen sein und sich in gewissem Umfang mit dem Studium von Dichtung oder Kunst beschäftigen. Denn wer sich nicht bildet, wird unfähig sein, die historischen Wurzeln unserer Kultur zu begreifen. Wie weltklug und taktisch geschickt er auch sein mag, er wird sich bisweilen durch seinen Mangel an Bildung ziemlich eingeschränkt fühlen. Denn wenn man über seine Heimat und fremde Länder Bescheid weiß und die drei Prinzipien von Zeit, Ort und Position sorgfältig beachtet, wird man wahrscheinlich bei seinen Planungen nur wenige Fehler machen und den besten Kurs wählen. Deshalb meine ich, daß ein Manager lerneifrig sein sollte.

Wenn er aber von seinem Wissen schlechten Gebrauch macht, rechthaberisch wird, auf die weniger Gebildeten herabschaut und alles Ausländische verehrt, erweist sein Wissen ihm einen schlechten Dienst. Auch wenn er sich für zu fein für gewöhnliche Dinge hält und so voreingenommen ist, daß er nicht erkennen kann, ob eine Sache in einer bestimmten Situation angemessen ist oder nicht, dann ist sein Wissen meines Erachtens nicht viel wert, auch wenn er noch so viel studiert haben mag. Mit dieser Mahnung vor Augen sollte er sich ans Lernen machen.

Wie wir alle wissen, stellen Wissenschaften und Künste einen wichtigen Teil der Kultur dar, und zu allen

Zeiten haben sich große Führungspersönlichkeiten in bestimmten Bereichen ausgezeichnet. Deshalb tut selbst ein einfacher Manager gut daran, sich mit Musik, Malerei, Literatur oder anderen Künsten zu befassen. Wer allerdings davon gänzlich in Anspruch genommen wird und deshalb seine eigentlichen Pflichten vernachlässigt, der wird an Körper und Geist verweichlichen, seine kämpferischen Qualitäten verlieren und Ähnlichkeit mit einem egozentrischen, zweitklassigen Künstler aufweisen. Das gilt besonders für den Fall, daß man sich allzusehr für eine Kunst begeistert, die vielleicht gerade in Mode sein mag. Dann schlägt man selbst in der Gesellschaft von ernsten und zurückhaltenden Kollegen plötzlich einen glatten, witzigen und frechen Ton an. Zwar mag das in der Gesellschaft unserer Zeit als amüsant gelten, doch sollten Manager ein derartiges Verhalten vermeiden.

Obwohl die modernen Führungskräfte im Westen nicht wie die alte japanische Kriegerklasse die Teezeremonie praktizieren, haben sie in Gestalt verschiedener Sportarten andere gesellschaftliche Formen geschäftlicher Interaktion entwickelt. So ist zum Beispiel Golf seit der Zeit der Industriebarone und Ölmagnaten die bevorzugte Zerstreuung der Managerklasse. Auch wenn man sich persönlich nicht so sehr für diesen Sport begeistern kann, wird man als Manager wahrscheinlich öfter dazu eingeladen werden und mit Menschen von hohem Rang zusammen spielen. Deshalb sollte man zumindest wissen, wie man sich im Klubhaus und auf dem Gelände eines Golfclubs richtig benimmt, wie man auf intelligente Weise Vorbereitungen trifft, wie man Clubs auswählt und wie man beim Spielen richtig zählt. Um die Spielregeln zu erlernen, empfiehlt es sich, ein paar Stunden bei einem Profi zu nehmen. Außerdem ist der Golfplatz ein günstiger Ort, um geschäftliche Beziehungen zu knüpfen und Vereinbarungen zu treffen, denn er ist weit entfernt von der Unruhe des Büros. Dies ist von so großem Nutzen, daß Golfplätze oft neben den Grundstücken von reichen Leuten und großen Unternehmen in abgelegenen Landstrichen angelegt werden und architektonisch mit großer Einfachheit und eleganten Toren und Eingängen gestaltet sind. Die Ausrüstung, wie zum Beispiel die Schläger, Taschen und anderes Zubehör, sind ebenfalls nicht bunt dekoriert, sondern einfach und diskret gestaltet, in Formen, die nichts mit den Geschmacklosigkeiten des Alltags zu tun haben. Das alles wird geprägt durch einen Geist, der, wenn man ihn recht kultiviert, meiner Meinung nach wesentlich dazu beiträgt, den *Weg des Kriegers* zu verschönern. Deshalb ist es nicht verkehrt, dem Golfspiel einen Platz in seinem Leben einzuräumen, auch wenn man nur in Golfclubs von geringerer Bedeutung Mitglied ist und nicht die modernsten Schläger und Golftaschen benutzt. Es handelt sich um ein relativ preiswertes Vergnügen und paßt daher zum kargen Lebensstil des bescheidenen Managers.

Das Einfache trägt jedoch stets die Tendenz in sich, kompliziert zu werden, und sowohl in der Kunst als auch im Sport hält allzuschnell der Luxus Einzug. Wenn man zum Beispiel die Instrumente oder die Ausrüstung von anderen Leuten sieht, findet man möglicherweise die eigenen Sachen häßlich oder nicht gut genug, und bald kommt es so weit, daß man nur noch teure Ausrüstungsgegenstände haben will. Wenn man sich daraufhin zum Kenner entwickelt und ein Auge für günstige Käufe bekommt, kann man gutes Zubehör für relativ geringe Beträge erstehen. Sollte man etwas wirklich Hübsches im Haus einer anderen Person entdecken, wird man möglicherweise den Besitzer sogar deswegen belästigen oder versuchen, ein Tauschgeschäft zu machen, natürlich mit der Absicht, dabei das Beste für sich herauszuholen. Wer sich so verhält, benimmt sich nicht besser als ein Gauner und erniedrigt den *Weg des Kriegers* zu reinem Opportunismus. Das ist ein schlimmer Fehler, und bevor man sich dazu hinreißen läßt, diese Art von Kunst oder Sport auszuüben, ist es sogar besser, gar nichts darüber zu wissen und so sehr Laie zu bleiben, daß man nicht einmal das Übungsgerät zu halten weiß. Denn lieber erscheint man etwas bäurisch, als die Tugenden des *Weges* zu verderben.

Wahre Führerschaft

42 Unterdrückung vermeiden

Manager haben sich daran zu gewöhnen, daß sie ihren Vorgesetzten höflich und aufmerksam begegnen und gleichzeitig ihren unterschiedlichen Eigenschaften gegenüber tolerant sein sollten. Aber sollte ihnen das Glück zuteil werden, selbst an die Spitze eines Unternehmens befördert oder berufen zu werden, haben sie ihre Untergebenen mit Verständnis und Rücksicht zu behandeln, während sie gleichzeitig ihre Pflichten gegenüber ihren Vorgesetzten erfüllen. Vielleicht ist es überflüssig zu erwähnen, daß sie nicht parteiisch sein und sich nicht durch Schmeicheleien beeinflussen lassen dürfen; und wenn sie im Lauf der Zeit in eine höhere Position aufsteigen, sollten sie sich der Gefahr bewußt sein, daß sich ihre frühere Einstellung ändern könnte. Gibt es nicht genug Beispiele von Führungskräften, die sich vorbildlich verhielten, als sie bescheidene Manager waren, aber sich zum Negativen veränderten, als sie in höhere Positionen aufstiegen, und deshalb von ihrem Vorstand fallengelassen wurden? Hütet euch deshalb vor Überheblichkeit und den Verführungen der Macht! Die euch unterstellten Mitarbeiter haben Augen im Kopf und möchten nicht in einer Art und Weise behandelt werden, die euch ebenfalls mißfallen hätte, als ihr in ihrer Position standet.

43 Den Verlockungen von Betrug und Diebstahl nicht erliegen

Von den vielfältigen Aufgaben eines Managers ist der richtige Umgang mit den Finanzen die schwierigste.

Für einen Mann mit durchschnittlichem Wissen und Geschick ist es ein großes Problem, es den Aktionären recht zu machen, ohne der Belegschaft gleichzeitig gewisse Härten zuzumuten, ganz zu schweigen von den Lieferanten oder Kunden. Wenn man nur an die kurzfristigen Interessen der Aktionäre denkt, verpfändet man die Zukunft, und die Mitarbeiter werden großem Druck von der Unternehmensspitze ausgesetzt sein. Wenn man andererseits versucht, nur die Bedürfnisse der Angestellten zu erfüllen, werden die Aktionäre nicht besonders zufrieden sein. So kann man mit Gewißheit sagen, daß immer irgend jemand etwas bemängeln dürfte. Ferner ist allgemein bekannt, daß jemand in leitender Position leicht der Krankheit der Begehrlichkeit zum Opfer fallen kann, auch wenn er noch so schlau und geschickt sein mag. Wenn er Kontrolle über die Buchführung der Firmengewinne und -ausgaben hat, wird er vielleicht auf großem Fuß leben wollen, indem er das Geld seiner Firma veruntreut, ohne an die Folgen zu denken. Dann läßt er sich vielleicht eine große Villa bauen, fährt einen eindrucksvollen Wagen und sammelt wertvolle Antiquitäten, um etwas darzustellen. Diese Sorte von Führungskräften nennt man «diebische» Manager.

Es gibt jedoch noch einen anderen Typ von Manager, der kurz nach seinem Eintritt ein neues System einführt, das vom alten ganz verschieden ist. Er behauptet, er tue das zum Wohl seines Vorstands, ohne sich um den Verdruß zu kümmern, den er seinen Kollegen damit bereitet. Es führt dazu, daß Angestellte unberechtigte Kürzungen ihrer Entschädigungen hinnehmen müssen, so daß sie nicht mehr so produktiv arbeiten wie bisher und der Kundendienst sich daraufhin verschlechtert. Er steigert zwar den Gewinn, tut dies aber ohne Rücksicht auf die zukünftigen Folgen oder die Zufriedenheit der Mitarbeiter. Ferner täuscht er vielleicht den Aufsichtsrat, so daß dieser ihm sein Gehalt und seine Prämien in unangemessener Weise erhöht. Aber wenn sich dieses neue System als undurchführbar und ineffektiv erweisen sollte, wird er so tun, als wäre es von anderen geplant worden, um der Strafe zu entgehen, indem er sich hinter ihnen versteckt. Diese Sorte von Führungskräften sind die betrügerischen Manager.

Was nun die zuerst erwähnten Diebe angeht, so stehlen sie auf eine Art, die eines Managers unwürdig ist, und verstoßen damit gegen Recht und Gerechtigkeit. Doch wenn sie dann die Strafe des Himmels trifft und ihr Verhalten durch ihren persönlichen Ruin ans Licht der Öffentlichkeit gelangt, ist die Sache damit beendet. Wenn diese Manager zu Fall kommen, werden die Mitarbeiter ihrer Abteilung nicht länger unterdrückt, und die Probleme in der Verwaltung und die Verluste für die Firma haben ein Ende. Doch der betrügerische Manager verursacht weitaus größere Schäden, die auch viel schwerer wiedergutzumachen sind. Denn es ist das größte Verbrechen, der Verwaltung seines Unternehmens zu schaden, selbst wenn dabei keine persönliche Habgier und Unterschlagung im Spiel waren. Deshalb haben die Weisen des alten Japan erklärt, daß ein diebischer Beamter besser sei als ein betrügerischer. Obwohl es für einen Mann in leitender Stellung nichts Schlimmeres geben kann, als in den Ruf der Veruntreuung zu kommen, hat man damals Betrüger schärfer verurteilt. Während der Dieb durch Entlassung bestraft wird, sollte der Betrüger vor Gericht gestellt werden. Diese Auffassung mag damals berechtigt gewesen sein. Da aber heutzutage die Handlungen von beiden als verwerflich zu beurteilen sind, gelten beide gleichermaßen als ruchlose Verbrecher – denn beide bringen unter dem Vorwand, dem Wohle ihres Vorstands zu dienen, ihr Schäfchen ins trockene. Angesichts so großer Versehen ist es schwer zu sagen, welche Strafe sie verdienen.

44 Autorität nicht mißbrauchen

Von einem Manager kann es heißen, daß er die Autorität seines Vorstands kurzzeitig borgt, daß er sie von ihm selbst verliehen bekommt oder daß er sie stiehlt. Wenn zum Beispiel ein junger Manager einen wichtigen Posten innehat, wird er vielleicht von den gesellschaftlichen Gepflogenheiten oder der aktuellen Mode in Verlegenheit gebracht und muß sich deshalb bei der Ausführung seiner Aufgaben auf die Autorität seines Vorstands stützen. Auf diese Weise borgt er die Autorität seines Vorstands, indem er sich dessen Namen unterstellt. Wenn er auf diese Weise die Absichten des Vorstands ausführt und zum Wohl aller Beteiligten handelt, dann hat er dessen Autorität richtig benutzt, weil er seine Pflichten mit der nötigen Umsicht erfüllt hat. Aber wenn er merkt, daß Kollegen und Fremde ihn auf einmal mit mehr Respekt behandeln und ihn besonders höflich ansprechen, ist es durchaus möglich, daß er Gier nach solchen Würden entwickelt und sich, wenn er sie erlangt hat, nur schwer davon trennen kann. Dann mißbraucht er diese Macht möglicherweise und gilt als jemand, der sie stiehlt.

Es kommt auch vor, daß der Vorstand bestimmten Personen zeitweilig seine Autorität und sein Prestige leiht, zum Beispiel, wenn er auf Reisen geht oder wenn besondere Projekte betreut werden sollen. Obwohl die Manager nach Beendigung ihrer Aufgabe diese Autorität zurückgeben sollten, erlaubt ihnen der Vorstand manchmal großzügig, sie noch eine Weile zu behalten. Aber wenn es dann ein besonderer Zwischenfall nötig macht, sie zurückzugeben, bemühen sich die betreffenden Manager möglicherweise, dies zu erschweren. In dem Fall kann man zu Recht behaupten, daß die Manager den Vorstand seiner Autorität berauben. Ein solches Verhalten bedeutet nicht nur eine große Schande für den Vorstand, sondern fügt ihm außerdem großen Schaden zu.

Wenn ein bestimmter Manager zu viel Macht erhält, verringert sich automatisch die Macht des Vorstands. Dann mögen manche Leute auf die Idee kommen, sie könnten alles bekommen, was sie wollten, wenn sie diesen Manager nur geschickt genug hofierten, weil er den Zugang zum Vorstand völlig kontrolliert. Dabei interessiert sie nur, wie sie dessen Gunst erlangen könnten, und betrachten den Vorstand als zweitrangig. Auf diese Weise wird die wohlwollende Beziehung zwischen Vorstand und Managern geschädigt, und bald werden die loyalen Manager durch Abwesenheit glänzen. Sollte dann ein Notfall eintreten, werden zu seiner Bewältigung keine tüchtigen Leute mehr übriggeblieben sein. Außerdem werden nicht nur Manager aus anderen Abteilungen, sondern auch diejenigen in der Hauptverwaltung durch die Autorität einer solchen Person unterdrückt. Dies wird sie dazu veranlassen, sich eingeschüchtert zurückzuziehen, und das hat ebenfalls negative Folgen für den Vorstand. Denn sie werden davor zurückscheuen, sich zu Dingen zu äußern, die sie melden sollten, und sie statt dessen nur allein für sich bedauern und sich höchstens privat bei ihren Freunden darüber beklagen, ohne daß sich jemand ein Herz faßt und es dem Vorstand berichtet. Das willkürliche und parteiische Gebaren des Schuldigen und das Ausmaß seiner Ehrsucht und seiner Macht bleiben seinem Vorstand verborgen, der möglicherweise nur Gutes über diesen Mann und all seine Taten denkt und so durch seine Nachlässigkeit großes Unheil heraufbeschwört. Mangelnde Menschenkenntnis ist ganz und gar nicht angemessen für einen Topmanager.

Außerdem kann man davon ausgehen, daß ein Mann von solchem Charakter, der sich nicht einmal darum kümmert, was sein Vorstand denkt, erst recht die Meinung seiner Kollegen ignorieren dürfte. Er wird kleine Angestellte begünstigen und seinen guten Freunden und Bekannten Geld und Geschenke aus dem Firmenvermögen geben, während er ihre Gegengeschenke für sich selbst behält. Wenn er Gäste einlädt, läßt er die Mahlzeiten, Getränke und Desserts von der Kreditkarte seiner Firma abbuchen. Dabei handelt er nach der Maxime: Was meinem Chef gehört, gehört mir; und was mir gehört, ist mein Eigentum.

So schwächt er den Besitz des Vorstands und fügt ihm große Verluste zu. Deshalb sollten sich alle Manager diesen Rat zu Herzen nehmen und niemals vergessen: bescheiden zu bleiben und auf alle Ansprüche zu verzichten, wenn ihnen ihr Vorstand ein Privileg gewährt, damit nichts das makellose Image des Unternehmens trüben kann. Wie es in einem alten Spruch heißt: Der loyale Gefolgsmann verwirklicht nicht sein eigenes Leben, sondern nur das seines Herrn.

45 Gunst in der richtigen Art erweisen und empfangen

Wer von seinem Vorstand mit besonderen Aufmerksamkeiten bedacht wird, wie zum Beispiel mit einem persönlichen Geschenk oder einer Einladung zum Sport oder zu einem Drink nach Feierabend, sollte vorsichtig sein. Wenn er diese Dinge annimmt, sollte er nicht damit angeben oder auffallen wollen und – wenn nötig – den anderen Kollegen seine Absichten erklären. Sonst erweckt er vielleicht den Eindruck, ein Schmeichler und Karrierist zu sein, und dies wäre für einen Manager überhaupt nicht angemessen. Wenn er diese Gunstbezeigungen akzeptiert, sollte er jedoch keine weiteren zukünftigen Aufmerksamkeiten erwarten, denn das wäre ein Zeichen von Respektlosigkeit.

Ferner sollte er es sorgsam vermeiden, Kollegen oder Mitarbeiter, die unter seiner Aufsicht stehen, unter Druck zu setzen oder überhöhte Erwartungen an sie zu stellen, wenn sie beispielsweise krank sind oder unter einem Trauerfall leiden; und man sollte seine Mitarbeiter anweisen, sich genauso zu verhalten. Damit kann man nicht nur verhindern, daß sie schlecht über einen denken, sondern auch, daß man von Kollegen und Mitarbeitern als ein Mensch ohne Manieren verachtet wird.

46 Familie und Geschäft ausgewogen vereinbaren

Im allgemeinen werden die einzelnen Mitglieder in unseren Familien so behandelt, wie es ihnen als Brüdern, Schwestern, Tanten, Onkeln, Neffen, Nichten, Müttern und Vätern zukommt. Wir passen uns ihren Persönlichkeiten und Eigenheiten an, indem wir sie auf ganz individuelle Art und Weise ansprechen, akzeptieren und unser Leben mit ihnen im Rahmen der Familie gestalten. Für Manager gilt jedoch, daß familiäre Umgangsformen im Geschäftsleben nicht gefragt sind. Der Zweck eines Unternehmens ist es, Kunden zu gewinnen, aber in manchen Familienunternehmen wird das Geschäft zum Schlachtfeld für ein gestörtes Familienleben. Deshalb ist allen Familien, die ein Unternehmen besitzen, dringend ans Herz zu legen, eine klare Trennlinie zwischen Familie und Geschäft zu ziehen.

Für den Fall, daß Familienangehörige sowohl Besitzer als auch Angestellte von Unternehmen sind, ist es für sie besonders wichtig, den Unterschied zwischen Eigentümer und Mitarbeiter zu begreifen, denn diese Rollen sind völlig verschieden. Man kann durchaus Eigentümer eines Unternehmens sein, ohne dort auch als Angestellter tätig zu sein. Umgekehrt kann man als Angestellter arbeiten, ohne Eigentümer zu sein. Es ist wirklich wichtig, die beiden nicht zu verwechseln und immer zu wissen, in welcher von den beiden Funktionen man gerade auftritt. Souveräne Eigentümer eines Familienunternehmens, die gleichzeitig auch als Manager arbeiten, sind sich darüber im klaren. Da das Geschäft dabei Vorrang hat, ziehen sie sich aus dem Unternehmen zurück, sobald sie merken, daß sie zum Hindernis werden. Manager, die zum Familienkreis gehören, sollten sich argwöhnisch vor Familienangelegenheiten, welche die Firma ungünstig beeinflussen, in acht nehmen.

Nur Menschen mit einem aufgeblasenen Ego werden den Unterschied nicht erkennen wollen und so das Geschäft wegen ihres eigenen Stolzes gefährden. Sie verhalten sich nur deshalb so, weil sie sich ihrer Sterblichkeit nicht bewußt sind.

Wenn die Familienbande stark sind, wird das Geschäft daraus Vorteile im Wettbewerb ziehen. Wenn diese Bande schwach sind, wird das Geschäft darunter leiden, denn in dem Fall wird möglicherweise viel Energie mit Angelegenheiten und Problemen verschwendet, die nichts mit dem vordringlichen Ziel zu tun haben, nämlich Kunden zu gewinnen und ihnen zu dienen. Ganz gleich, in welche Richtung sich das Geschäft entwickelt – die Angestellten werden das sehr schnell merken.

Meistens ist es hilfreich, einen Vermittler von außerhalb damit zu beauftragen, der Familie ihre Rollen und Pflichten wieder in Erinnerung zu rufen. Denn in gewöhnlichen Familien trifft man die Verwandten dann und wann und geht bald wieder auseinander, um sich nur bei besonderen Gelegenheiten wiederzusehen. Aber in einem Familienbetrieb kann man den Angehörigen nicht einfach bei Bedarf aus dem Weg gehen, sondern ist Tag für Tag ständig mit ihnen zusammen. Dadurch wächst die Gefahr von Auseinandersetzungen, die das Geschäft vergiften. Wenn die Lage sich zunehmend verschlechtert, wird ein kluger Vorstand Geschäftsführer von außerhalb anstellen, während sich die Familienangehörigen zurückziehen, um sich ausschließlich der Familie zu widmen. Natürlich können sie auch eine Beziehungsebene entwickeln, auf der sie sich einfach wie Manager verhalten, ohne sich bei Auseinandersetzungen immer gleich persönlich angegriffen zu fühlen. Doch viele Familien sind ruiniert, weil sie gemeinsam ein Geschäft betrieben. Wenn man dem Weg des Managers folgt, sollte es nicht vorkommen, daß das Geschäft die Kindespflicht beeinflußt und umgekehrt.

47 Die Vorstandsposition nicht entehren

Eine alte Weisheit lautet, daß Beamte und weiße Kleider neu am besten sind. Das klingt wie ein Scherz, enthält meines Erachtens aber doch ein Körnchen Wahrheit. Denn ein weißes Hemd ist zwar neu sehr schön und ansehnlich, aber wenn es eine Zeitlang getragen werde, bekommen die Ärmel schmutzige Ränder, am Kragen zeigen sich allmählich dunkle Ringe, und das Hemd sieht im ganzen nicht mehr ordentlich aus. Das gilt auch für Beamte und Angestellte: Wenn sie frisch und unerfahren auf ihrem Posten sind, sind sie hochmotiviert und achten auf die kleinsten Details. Sie respektieren die Versprechen und Einschränkungen, die sie bei Dienstantritt auf sich genommen haben, und fürchten sich davor, gegen ihre Verpflichtungen zu verstoßen. Deshalb dienen sie ohne Habgier und Unehrlichkeit und erwerben sich einen guten Ruf in ihrem ganzen Unternehmen.

Wenn Beamte neu in ihrem Amt sind, halten sie sich auch an ihren Diensteid und lehnen Vergünstigungen konsequent ab, denn wenn sie diese annehmen würden, könnte das dazu führen, daß sie sich irgend jemandem verpflichtet fühlen oder daß sie in einen Interessenkonflikt geraten. Wenn sie aus bestimmten Gründen eine Gunst annehmen müssen, erstatten sie diese möglichst bald durch eine Gabe von gleichem Wert zurück, um die Sache wieder ins Gleichgewicht zu bringen.

Im Laufe der Zeit beginnt sich jedoch der Geist der Begehrlichkeit in ihnen zu regen. Wenn Beamte längere Zeit im Amt sind, neigen sie dazu, den Gehorsam der Leute zu mißbrauchen, eine hohe Meinung von sich selbst zu entwickeln und unrechte Dinge zu tun, die ihnen früher nie in den Sinn gekommen wären. Obwohl sie immer noch erklären, sie würden nichts annehmen, und so ehrlich wie immer erscheinen, wird es sich nach und nach herausstellen, daß dies nur ein taktischer Schachzug ist. Schon bald haben sie ihre offensichtlichen Skrupel überwunden und akzeptieren Geschenke. Um sich zu revanchieren, bleibt ihnen nichts anderes übrig, als die Firma zu berauben oder parteiische Entscheidungen zu treffen.

Diese Beschmutzung ihres Amtes gleicht den schmutzigen Flecken auf einem weißen Gewand. Der Unterschied zwischen den beiden besteht jedoch darin, daß die Flecken auf dem Kleidungsstück mit Seifenlauge herausgewaschen werden können, während sich der Schmutz im Herzen eines Mannes so sehr festsetzt, daß man ihn kaum noch entfernen kann. Es reicht aus, ein Kleidungsstück einmal in der Woche zu waschen, aber ein Menschenherz muß ständig gewaschen und gereinigt werden, beim Wachen und beim Schlafen, an jedem Tag ohne Unterlaß – besonders, wenn es den Schmutz leicht annimmt. So wie Seifenlauge und die Kenntnis ihrer praktischen Anwendung zur Reinigung von Kleidern nötig sind, so bedarf es der Praxis von Integrität, Mut und Ehre, um die Herzen der Manager zu reinigen. Denn es gibt immer einige von ihnen, die diese Ideale kompromittieren. Und auch wenn man sich noch so sehr um Loyalität und Pflichterfüllung bemüht, haftet doch hartnäckiger Schmutz so fest, daß er selbst gründlichsten Reinigungsversuchen trotzt. Doch wenn man den genannten Tugenden Tapferkeit hinzufügt und sich mit Eifer darum bemüht, sie Tag für Tag umzusetzen, läßt sich auch die ärgste Verschmutzung vollständig beseitigen.

Dies ist das wunderbare Geheimnis der Reinigung eines Managerherzens.

Literaturhinweise

Daidôji, Yûzan: *Budô shoshinshû*, hrsg. von Tokuma Kenkai, Tôkyô, 1985 (in japanischer Sprache).

Sadler, Arthur L.: *The Code of the Samurai – A Translation of Daidôji Yûzan's Budô shoshinshû*, Rutland (Vt.), 1988.

Budô shoshinshû – The Warrior's Primer of Daidôji Yûzan, translated by William Scott Wilson, Burbank (Ca.), 1988/3.

Sun Zi (Sun-tzu): *Über die Kriegskunst*, Volkschina Verlag 1994.

Miyamoto, Musashi: *Das Buch der Fünf Ringe*, Düsseldorf, 1996/3.

Mishima, Yukio: *Zu einer Ethik der Tat – Einführung in das Hagakure, die große Samurai-Lehre des 18. Jahrhunderts*, München, 1987.

Nitobe, Inazo: *Bushidô*, Interlaken, 1985.

de Bary, William (Hrsg.): *Sources of Japanese Tradition*, Vol. I, New York, 1958.